Gerhard Klett | Klaus-Werner Schröder | Heinrich Kersten

IT-Notfallmanagement mit System

Edition <kes>

herausgegeben von Peter Hohl

Mit der allgegenwärtigen Computertechnik ist auch die Bedeutung der Sicherheit von Informationen und IT-Systemen immens gestiegen. Angesichts der komplexen Materie und des schnellen Fortschritts der Informationstechnik benötigen IT-Profis dazu fundiertes und gut aufbereitetes Wissen.

Die Buchreihe Edition <kes> liefert das notwendige Know-how, fördert das Risikobewusstsein und hilft bei der Entwicklung und Umsetzung von Lösungen zur Sicherheit von IT-Systemen und ihrer Umgebung.

Herausgeber der Reihe ist Peter Hohl. Er ist darüber hinaus Herausgeber der <kes>– Die Zeitschrift für Informations-Sicherheit (s. a. www.kes.info), die seit 1985 im Secu-Media Verlag erscheint. Die <kes> behandelt alle sicherheitsrelevanten Themen von Audits über Sicherheits-Policies bis hin zu Verschlüsselung und Zugangskontrolle. Außerdem liefert sie Informationen über neue Sicherheits-Hard- und -Software sowie die einschlägige Gesetzgebung zu Multimedia und Datenschutz.

Security Awareness
Von Michael Helisch und Dietmar Pokoyski

Profikurs Sicherheit von Web-Servern
Von Volker Hockmann und Heinz-Dieter Knöll

Der IT Security Manager
Von Heinrich Kersten und Gerhard Klett

IT-Sicherheitsmanagement nach ISO 27001 und Grundschutz
Von Heinrich Kersten, Jürgen Reuter und Klaus-Werner Schröder

Information Security Risk Management
Von Sebastian Klipper

Konfliktmanagement für Sicherheitsprofis
Von Sebastian Klipper

IT-Risiko-Management mit System
Von Hans-Peter Königs

Praxis des IT-Rechts
Von Horst Speichert

Rollen und Berechtigungskonzepte
Von Alexander Tsolkas und Klaus Schmidt

Datenschutz kompakt und verständlich
Von Bernhard C. Witt

www.viewegteubner.de

Gerhard Klett | Klaus-Werner Schröder | Heinrich Kersten

IT-Notfallmanagement mit System

Notfälle bei der Informationsverarbeitung
sicher beherrschen

Mit 17 Abbildungen und 14 Tabellen

PRAXIS

VIEWEG+
TEUBNER

Bibliografische Information der Deutschen Nationalbibliothek
Die Deutsche Nationalbibliothek verzeichnet diese Publikation in der
Deutschen Nationalbibliografie; detaillierte bibliografische Daten sind im Internet über
<http://dnb.d-nb.de> abrufbar.

Das in diesem Werk enthaltene Programm-Material ist mit keiner Verpflichtung oder Garantie irgend-
einer Art verbunden. Der Autor übernimmt infolgedessen keine Verantwortung und wird keine daraus
folgende oder sonstige Haftung übernehmen, die auf irgendeine Art aus der Benutzung dieses
Programm-Materials oder Teilen davon entsteht.

Höchste inhaltliche und technische Qualität unserer Produkte ist unser Ziel. Bei der Produktion und
Auslieferung unserer Bücher wollen wir die Umwelt schonen: Dieses Buch ist auf säurefreiem und
chlorfrei gebleichtem Papier gedruckt. Die Einschweißfolie besteht aus Polyäthylen und damit aus
organischen Grundstoffen, die weder bei der Herstellung noch bei der Verbrennung Schadstoffe frei-
setzen.

1. Auflage 2011

Alle Rechte vorbehalten
© Vieweg+Teubner Verlag | Springer Fachmedien Wiesbaden GmbH 2011

Lektorat: Christel Roß | Maren Mithöfer

Vieweg+Teubner Verlag ist eine Marke von Springer Fachmedien.
Springer Fachmedien ist Teil der Fachverlagsgruppe Springer Science+Business Media.
www.viewegteubner.de

Umschlaggestaltung: KünkelLopka Medienentwicklung, Heidelberg
Druck und buchbinderische Verarbeitung: AZ Druck und Datentechnik, Berlin
Gedruckt auf säurefreiem und chlorfrei gebleichtem Papier
Printed in Germany

ISBN 978-3-8348-1288-9

Vorwort

Viele Organisationen (Unternehmen, Behörden,...) haben die Notwendigkeit eines Sicherheitsmanagements für ihre Informationsverarbeitung erkannt und bereits wichtige Schritte unternommen: Es wurden mögliche Sicherheitsvorfälle nach Eintrittshäufigkeit und Schadenhöhe analysiert und daraus Risiken für die Organisation abgeleitet, klassifiziert und bewertet. Zumindest höhere Risiken wurden durch geeignete *präventive* Maßnahmen unter eine noch akzeptable Grenze gedrückt.

Dies heißt natürlich *nicht*, dass die entsprechenden Sicherheitsvorfälle nicht mehr eintreten können: Präventive Maßnahmen können Sicherheitsvorfälle nicht gänzlich ausschließen – und verursachen zudem Kosten. Aus den gewählten Kompromissen zwischen Sicherheit und Wirtschaftlichkeit resultieren somit stets unterschiedlich hohe *Restrisiken*, die es weiter zu behandeln gilt. Behandeln kann dabei z. B. heißen, Risiken auf Dritte zu verlagern oder zu versichern.

Nimmt man sich die Ergebnisse der Risikoanalyse und -bewertung vor, so erkennt man schnell, welche Risiken bei ihrem Eintritt einen *gravierenden oder sogar existenzbedrohenden Schaden* nach sich ziehen können – womit wir im Grunde auch schon die Definition des Wortes *Notfall* festgelegt haben: Der Eintritt eines Vorfalls dieser Kategorie stellt in der Regel den klassischen *Notfall* dar.

Dort, wo es ein Sicherheitsmanagement der skizzierten Art nicht gibt, wird man im Zuge der *Unternehmensvorsorge* mögliche Sicherheitsvorfälle mit mindestens gravierenden Auswirkungen auf die Geschäftstätigkeit erfassen, analysieren und einer geeigneten Behandlung zuführen. Dies umschreibt die Aufgabe eines *separaten* Notfallmanagements.

Um welche Vorfälle handelt es sich in diesen kritischen Kategorien? Dazu einige Beispiele:

– Beim Ausfall wichtiger IT-Anwendungen und IT-Systemen geht es darum, möglichst schnell wieder in einen *Normalzustand* zu kommen, ggf. auch mithilfe einer Überbrückung durch einen *Notbetrieb*.

- Manipulationen an Daten und Anwendungen durch einen Innentäter sind erkannt worden; Ziel muss es sein, dessen Aktivitäten so schnell wie möglich zu unterbinden und auf einen *sicheren früheren Stand* der Daten und Anwendungen aufzusetzen.

- Bei Ausfall eines Dienstleisters (z. B. Netzwerk-Provider) sollen durch "Umschaltung" auf einen anderen Dienstleister *Verluste und Ausfallzeiten minimiert* werden.

- Durch bekannt gewordenen Diebstahl vertraulicher Informationen wird das Image der Organisation massiv gefährdet; hier kann es nur darum gehen, kurzfristig Sicherheitslücken zu stopfen und durch entsprechende *präventive Maßnahmen* erneut Vertrauen bei den Kunden aufzubauen.

- Wird aufgrund fehlender Compliance bei einem Rechenzentrum z. B. von einer Aufsichtsbehörde eine Betriebseinstellung verfügt, geht es um eine möglichst schnelle, nachweisbare *Wiederherstellung der Compliance*, so dass der Betrieb fortgesetzt werden kann.

Solche Vorfälle können bei ihrem Eintritt bereits *Notfälle* darstellen oder sich innerhalb kurzer Zeit dazu auswachsen. Somit kommt es darauf an, durch schnelle sachgerechte Entscheidungen und trainierte Vorgehensweisen die Auswirkungen auf die Geschäftstätigkeit und die Verluste der Organisation zu begrenzen.

Dieses *reaktive* Vorgehen ist eine zentrale Aufgabe des *Notfallmanagements*. Es dient dazu, eingetretene Notfälle beherrschen zu können.

Im vorliegenden Buch behandeln wir die *präventiven* genauso wie die *reaktiven* Verfahren des (IT-)Notfallmanagements.

Um einen breiten Kreis von Lesern zu erreichen, setzen wir die Existenz eines normgerechten Sicherheitsmanagements in der Organisation *nicht* voraus, sondern werden diese Thematik ebenfalls (im Überblick) behandeln.

Ziel ist es, für das Notfallmanagement

- die erforderlichen Organisationsstrukturen, Prozesse und Dokumente sowie

- die wesentlichen Methoden (Risikoanalyse, Business Impact Analysis, Kritikalitätsanalyse)

im Zusammenhang und praxisnah darzustellen.

Danksagung

Für die Unterstützung bei der Herstellung dieses Buch bedanken
wir uns bei Frau Dr. Roß und dem Lektorat des Vieweg+Teubner
Verlags.

Im April 2011
Gerhard Klett, Klaus-Werner Schröder, Heinrich Kersten

Inhaltsverzeichnis

Anhänge:

1 Praxisbericht

IT-unterstütztes Management von Lieferketten (Supply Chain Management, SCM) zählt in vielen Unternehmen zu den wesentlichen Ressourcen, deren Ausfall ohne geeignetes Notfallmanagement hohe Kosten und Risiken nach sich zieht. In diesem Praxisbericht wird die Notfallvorsorge sowie das Notfallmanagement eines Supply Chain Management-Systems beschrieben, welches sich zur Darstellung des Zustandes der Lieferkette in Echtzeit der Erfassung der Betriebsdaten entlang der Kette der Übergabe-Punkte mit Barcode Readern bedient.

Zur besseren Übersichtlichkeit gliedert sich der Praxisbericht in zwei Teile:

– Im ersten Teil wird das Notfallmanagement auf Seiten des *Service Providers*, der das übergeordnete Supply Chain Management-System betreibt, vorgestellt.

– Der zweite Teil des Praxisberichts beinhaltet die Notfallmaßnahmen in der nachgelagerten *Betriebsdatenerfassung*, die bei einem Ausfall des Supply Chain Management Systems mit seiner Zustandserfassung für eine konsistente Speicherung und Verarbeitung der erfassten Daten nach dem Wiederanlauf des Supply Management-Systems zu sorgen hat.

1.1 Notfallmanagement für ein Supply Chain Management-System

In diesem Kapitel wird von folgendem Szenario ausgegangen:

– Das Supply Chain Management-System wird von einem Anbieter als Dienst angeboten (Application Service Provider, ASP).

– Der Eigentümer des damit abgebildeten Prozesses (Process Owner) gehört zu der Organisation des Anwenders des Dienstes.

– Die Basisdienste des Supply Chain Management-Systems wie Installation, Konfiguration, Systemüberwachung (Monitoring), Wartungen und Updates sind Aufgabe des Dienste-Anbieters.

– Die Administration mit Verwaltung der Endbenutzer, Zustandserfassung und Ermittlung von Kennzahlen wird ebenfalls in der Organisation des Anwenders erbracht.

Wir betrachten den Fall, dass das Supply Chain Management-
System ausfällt, d.h. keine Anmeldungen und Administration von
Benutzern möglich sind, keine Betriebsdaten verbucht werden
können, keine Reports über Warenein- und Warenausgänge etc.
erstellt werden.

Dieser Fall kann – trotz Einhaltung des Durchlaufens der drei-
stufigen Kette aus Test, Qualitätssicherung und Produktionsumgebung – beispielsweise die Folge eines missglückten Updates
oder einer fehlerhaften Umstellung auf ein neues Software Re-
lease sein.

Planung und Realisierung der Notfallmaßnahmen

Zunächst werden in Koordination mit dem Anwender vorbeugende Maßnahmen im Rahmen der Notfallvorsorge zur Reduzie-
rung der Eintrittswahrscheinlichkeit von Notfällen definiert. Dazu
gehören beispielsweise Kennwerte über Auslastung von Datenbanken sowie deren Optimierung, Wartung der Hardware und
ihrer Betriebsumgebung, die konsequente Anwendung einer
Qualitätssicherungskette mit Dokumentation der Ergebnisse bei
bevorstehenden Updates und Release-Wechsel sowie die dokumentierte Verwendung eines revisionssicheren Change Managements mit Business Impact Analysis, Risikoabschätzung von
bevorstehenden Systemänderungen und Rollback-Verfahren (geordnete Rückkehr zum Systemzustand vor der Änderung).

Da Ausfälle jedoch nicht gänzlich zu verhindern sind, besteht der
nächste Schritt bei der Planung der Notfallmaßnahmen auf Seiten
des Anbieters des Dienstes für Supply Chain Management in der
Ermittlung und vertraglichen Vereinbarung von mindestens drei
zeitlichen Kennwerten mit dem Anwender des Systems:

– Verfügbarkeit des Systems
   meist in Prozent einer zeitlichen Spanne angegeben (zum
   Beispiel 99,5% der Gesamtstunden eines Jahres)

– Reaktionszeit nach gemeldetem Systemausfall
   zum Beispiel 4 Stunden; spätestens nach Ablauf dieser Zeit
   hat der ASP – revisionssicher dokumentiert für den Anwender – reagiert und mit Maßnahmen für Fehlerermittlung und
   Wiederanlauf begonnen

–   Reparaturzeit nach Feststellung der (wahrscheinlichen) Fehlerursache (zum Beispiel 8 Stunden)

Für Störungen bei und Fehler von Hardware, Zugangsnetzwerk, Betriebsumgebung (Energieversorgung, Klimatisierung, etc.), die zum Ausfall des Supply Chain Management führen können, sind vom ASP Prozesse mit ihren Rollen sowie Maßnahmen zur Fehlerbehebung und Störungsbeseitigung definiert und dokumentiert worden.

Folgende Rollen wurden definiert:

–   Es gibt einen *Eigentümer* des Prozesses Notfallmanagement für das Supply Chain Management-System. Er verantwortet die Definition der Notfallmaßnahmen in Koordination mit dem Anwender, die Auditierung und die regelmäßigen Übungen.

–   Der *Notfallmanager in Rufbereitschaft* (Manager on Duty) ist ein Entscheider innerhalb der Organisation des Service-Anbieters, der weiterführende Maßnahmen autorisiert, die Einfluss auf den Betrieb der Infrastruktur des Dienstleisters haben können (wie zum Beispiel das Öffnen von Firewalls für bestimmte Dienste).

–   Der *Notfallkoordinator* unterstützt den Eigentümer des Notfallmanagement-Prozesses bei dessen Ausführung. Er ist das Bindeglied zum Operating des Dienstleisters.

–   Die *Verantwortlichen für kritische Ressourcen* sind im Wesentlichen die Administratoren für die Betriebssysteme, das Netzwerk, die Datenbanken usw., die in die einzelnen Schritte des Notfallprozesses mit einzubeziehen sind.

Die Notfallmaßnahmen sind in einem Dokumentenmanagement-System nach folgendem Schema dokumentiert:

–   Ziel der Notfallmaßnahme

–   konkrete Beschreibung der Lösung

–   chronologische Spezifikation für jeden Schritt

–   genaue Reihenfolge der Schritte

–   Zuordnung der Aktivitäten zu jedem Schritt

–   Information über die Ausführung der Schritte an das ausführende Personal

–   Benennung der Verantwortlichen für die Implementierung der Lösung

Es versteht sich, dass es für die Dokumentation der Notfallmaßnahmen ein gedrucktes, aktuelles Exemplar geben muss, da der Notfall (beispielsweise bei Ausfall des Zugangsnetzwerks) auch ein Zugriff auf das Dokumentenmanagement-System verhindern könnte.

Zusätzlich zu den Notfallmaßnahmen existieren Alarmierungspläne, denen zu entnehmen ist, wer innerhalb der Organisation des Dienstleisters vom Ausfall des Systems und den derzeitigen Aktivitäten zum Wiederanlauf zu unterrichten ist (Geschäftsführung, Kundenbetreuer etc.). Vorbereitete Schemata für Informationen und Erklärungen unterstützen die konsistente Kommunikation mit den Anwendern und deren Hierarchie.

Für den Ausfall von Hardware gibt es dokumentierte Ersatzbeschaffungspläne mit

–   genauer Bezeichnung der Komponente inkl. Beschaffungsdatum und Seriennummer,

–   Hersteller, Lieferant, Lieferzeit, Lagerort und Dauer der Re-Installation.

Alle diese Rollen, Prozesse und Maßnahmen werden in Absprache mit dem Anwender mindestens einmal jährlich einer Übung und einer Revision unterzogen. Die Ergebnisse dabei werden dokumentiert und fließen in die Risikoanalyse, die der Anwender erstellt, sowie in etwaige Änderungen der Dienstleistungsverträge (Service Level Agreements, SLA) zwischen dem Dienstleister und dem Anwender des Supply Chain Managements ein.

1.2   Notfallmanagement der Betriebsdatenerfassung

Wie in dem vorgehenden Kapitel erwähnt, wollen wir nun die Notfallmaßnahmen bei der Betriebsdatenerfassung des Supply Chain Management-Systems näher betrachten.

Zur Darstellung des Zustandes der Lieferkette in Echtzeit werden die Betriebsdaten entlang der Kette der Übergabe-Punkte mit Barcode Readern und RFID-Scannern erfasst. Im Wesentlichen werden von diesen Handgeräten die Identifikationsnummern für Produktions- und Versandobjekte gelesen.

Diese Daten werden zu Beginn der Erfassungskette nach der Freigabe des Prozessauftrages als Barcode-Etikett beziehungsweise als RFID-Label angelegt und auf den Versandbehälter aufgebracht. Danach erfolgt im nächsten Schritt das Einscannen der Identifikationsnummer zur Bestätigung des Prozessauftrages.

Nach der Produktion und dem internen Transport findet nach der Einlieferung in eines der Lagerzentren der nächste Scan-Vorgang zur Buchung des Wareneinganges statt. Vor der Auslieferung zum Kunden wird beim Warenausgang nochmals die Identifikationsnummer des Versandobjektes mit den Scannern gelesen.

Zur Verdeutlichung des Vorganges der Betriebsdatenerfassung dient folgende Abbildung:

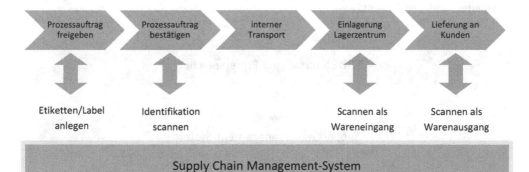

Abbildung 1:   Betriebsdatenerfassung an Übergabestationen

Wir werden nun im Detail die Notfallmaßnahmen für den völligen Ausfall des übergeordneten Supply Chain Management-Systems vorstellen.

Planung und Realisierung der Notfallmaßnahmen

Wie bereits im vorgehenden Kapitel erwähnt, ist eine wesentliche Komponente in der Planung der Notfallmaßnahme die vertragliche Beschränkung der Ausfallzeit des Supply Chain Management-Systems. Dazu ist mit dem Anbieter dieses Dienstes eine gesamte maximale Ausfallzeit von 24 Stunden vertraglich festgelegt worden. *Gesamte maximale Ausfalldauer* bedeutet hier die Zeit von der ersten Störungsmeldung bis zur Wiederaufnahme des Normalbetriebes des Gesamtsystems. Andernfalls drohen empfindliche Vertragsstrafen, die gestaffelt nach der tatsächlichen Überschreitung der vereinbarten Ausfallzeit fällig werden.

Damit Produktion und Transport unterbrechungsfrei und unabhängig von dem übergeordneten System für die vereinbarte Ausfallzeit weiterlaufen können, wurde das Software Interface zwischen Handerfassungsgeräten und Supply Chain Management-

System redundant und mit einem Pufferspeicher für die erfassten Daten versehen.

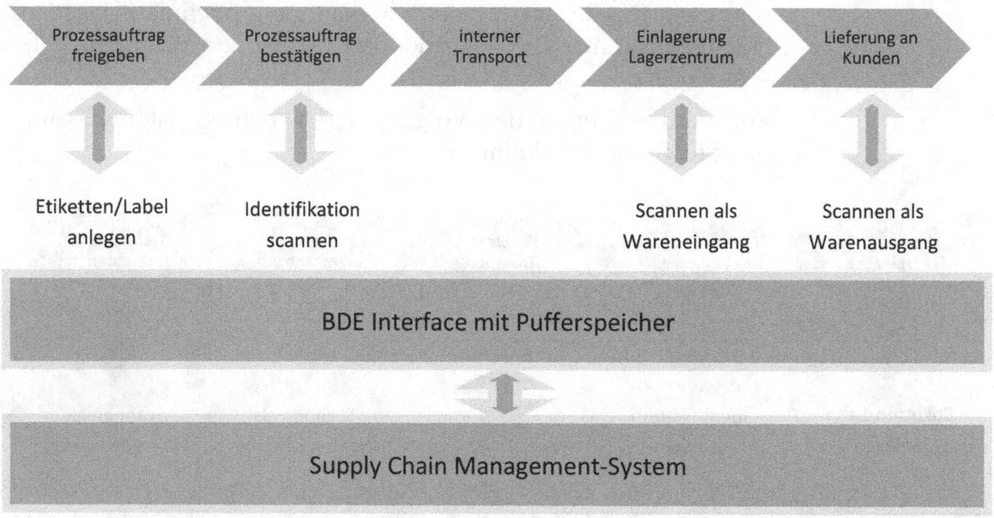

Prozessauftrag freigeben	Prozessauftrag bestätigen	interner Transport	Einlagerung Lagerzentrum	Lieferung an Kunden

| Etiketten/Label anlegen | Identifikation scannen | | Scannen als Wareneingang | Scannen als Warenausgang |

BDE Interface mit Pufferspeicher

Supply Chain Management-System

Abbildung 2:   Betriebsdatenerfassung mit Pufferspeicher

Zur Vereinfachung der Datenerfassung und deren späteren Weiterverarbeitung werden einige nicht zeitkritische und eher selten benötigte Prozesse wie zum Beispiel Behälter- und Verpackungsverwaltung während des Ausfalls nicht unterstützt. Sie können bis nach dem Wiederanlauf nach maximal 24h verschoben werden.

Als weitere Notfallmaßnahme ist beim Ausfall des Systems die Notfallmannschaft in der Zeit von 6 bis 22 Uhr vor Ort und befindet sich in der restlichen Zeit in Rufbereitschaft.

Für die Überwachung der Notfallprozesse bei der Betriebsdatenerfassung und dem Wiederanlauf des Supply Chain Management-Systems beim Anbieter dieses Dienstes sind vom Anwender Prozesse mit ihren Rollen sowie Maßnahmen zur Synchronisierung mit dem übergeordneten System nach dem Wiederanlauf definiert und dokumentiert worden.

Die Rollen für den Notfallbetrieb bei der Betriebsdatenerfassung sind wie folgt definiert:

– Es gibt einen *Eigentümer* des Prozesses Notfallbetrieb für die Betriebsdatenerfassung. Er verantwortet die Definition der Notfallmaßnahmen in Koordination mit den ebenfalls betroffenen Anwendern und Kunden. Er ist für die Auditierung und die regelmäßige Übung des Notfallbetriebes verantwortlich.

– Der *Notfallmanager in Rufbereitschaft* (Manager on Duty) ist ein Entscheider innerhalb der Organisation des Anwenders, der weiterführende Maßnahmen autorisiert, die Einfluss auf den Betrieb der Infrastruktur des Anwenders haben können.

– Der *Notfallkoordinator* unterstützt den Eigentümer des Notfallmanagement-Prozesses bei dessen Ausführung. Er ist das Bindeglied zum Notfallteam des Dienstleisters.

Die Notfallmaßnahmen sind in einem Dokumentenmanagement-System nach dem im vorigen Kapitel aufgeführten Schema dokumentiert:

– Ziel der Notfallmaßnahme

– konkrete Beschreibung der Lösung

– chronologische Spezifikation für jeden Schritt

– genaue Reihenfolge der Schritte

– Zuordnung der Aktivitäten zu jedem Schritt

– Information über die Ausführung der Schritte an das ausführende Personal

– Benennung der Verantwortlichen für die Implementierung der Lösung

Es existieren ebenfalls Alarmierungspläne mit den Informationen, wer innerhalb der Organisation des Anwenders vom Notfallbetrieb der Betriebsdatenerfassung und dem derzeitigem Stand der Aktivitäten zum Wiederanlauf beim Dienstleister zu unterrichten ist (Abteilungsleiter, Kunden etc.). Wie zuvor auf der Seite des Dienstleisters unterstützen auch hier vorbereitete Schemata für Informationen und Erklärungen die konsistente Kommunikation mit den Kunden und deren Hierarchie.

Der Notfallbetrieb der Betriebsdatenerfassung sieht im Einzelnen wie folgt aus:

– Bei Ausfall des Supply Chain Management-Systems werden die Scanner des Datenerfassungssystems auf den Pufferbetrieb im Interface zum Supply Chain Management-System umgeschaltet.

– Alle erfassten Daten zur Produktion, zur Lagerung werksintern und zur Umlagerung werksübergreifend wie z. B. freigegebene Prozessaufträge, Plandaten, Lagerart, Ladestelle, Materialmenge, Produktionsort etc. werden im Puffer gespeichert.

– Nach dem Wiederanlauf des Supply Chain Management-Systems werden die erfassten Prozessaufträge aus der Pufferliste an das SCM zurückgemeldet und danach aus der Pufferliste gelöscht. Ebenso werden die Warenausgänge aus der Pufferliste verbucht.

– Zurückgestellte, weniger zeitkritische Prozesse, werden im SCM initiiert und mit benötigten Daten aus der Pufferliste synchronisiert.

Für die Implementierung dieser Notfallmaßnahmen entstehen zusätzliche Kosten:

– Zusätzliche Synchronisationssoftware wird benötigt.

– Der Aufwand für die Schnittstellen und deren redundantem Betrieb erhöht sich.

– Erhöhter Personalaufwand für das Umschaltszenario mit Datensicherung ist erforderlich.

– Die Lagerkapazität wird zur Zwischenlagerung von Produktionsgütern erhöht.

Alle diese Rollen, Prozesse und Maßnahmen werden in Absprache mit dem Dienstleister mindestens einmal jährlich einer Übung und einer Revision unterzogen. Die Ergebnisse dabei werden dokumentiert und fließen in die Risikoanalyse, die der Anwender erstellt, sowie in etwaige Änderungen der Dienstleistungsverträge (Service Level Agreements, SLA) zwischen dem Dienstleister und dem Anwender des Supply Chain Managements ein.

1.3 Fazit

Als Fazit lässt sich hier festhalten, dass der Anteil am Notfallmanagement für den Anbieter dieser Dienstleistung weitaus größer ist als für den Bezieher. Diese Reduktion des Aufwandes für den

Bezieher der Dienstleistung ist ein gewünschter Aspekt für ein Outsourcing. In unserem Beispiel hat der Anwender des Supply Chain Managements auf seiner Seite im Wesentlichen für eine ausreichende Anzahl funktionstüchtiger Handscanner zur Weiterführung der Betriebsdatenerfassung, für die Organisation seiner Notfallmannschaft und die Überwachung sowie Überprüfung der Synchronisation der BDE-Daten nach dem Wiederanlauf des Systems zu sorgen. Alles andere ist Aufgabe des Anbieters.

Allerdings müssen die Notfallpläne und deren Übungen von beiden Parteien abgestimmt und durchgeführt werden. Ergebnisse aus diesen Übungen müssen ausführlich gemeinsam bewertet werden. Es ist darauf zu achten, dass der Informationsfluss zwischen Anbieter und Kunde gewährleistet ist. Ergebnisse aus den Übungen müssen gegebenenfalls zeitnah Änderungen in den Service Level Agreements zur Folge haben. Gerade heute bei der in immer größerem Ausmaß praktizierten Kombination von Outsourcing und Virtualisierung ist die vertragliche Abstimmung über die gemeinsamen Notfallpläne und deren Tests eine oft unterschätzte Herausforderung.

2 Methodischer Einstieg

2.1 Begriffliche Abgrenzung

Natürlich fängt alles mit der Erkenntnis an, dass man eine Art „Notfallmanagement" in der Organisation benötigt, weil Notfälle bereits vorgekommen sind oder aber als mehr oder weniger realistische Drohung im Raum stehen.

Die nächste Frage ist, welche Aufgaben das Notfallmanagement übernehmen soll. Fragt man in Arbeitsgruppen oder auch Seminaren mit Notfallverantwortlichen nach diesem Punkt, so erhält man eine Reihe interessanter, nicht immer ganz ernst gemeinter Ausführungen:

- Wir planen, wie wir Notfälle vermeiden.

- Wir planen, wie wir Notfälle als harmlose Störungen ausgeben können.

- Wir planen, wie wir notfalls ohne IT auskommen.

- Wir planen die Behandlung von Notfällen.

- Wir planen die Überbrückung von Notfällen.

- Wir planen, welche Ereignisse wir als Notfälle betrachten.

- Wir planen, welche Notfälle wir tolerieren.

- Wir planen, wie wir die Verantwortung für einen Notfall auf andere schieben.

- Wir planen, wie wir nach einem Notfall zum Normalzustand zurückfinden.

Analysiert man diese Statements, stellt man fest, dass eigentlich allen etwas Bedenkenswertes anhaftet – aber möglicherweise noch einige Aspekte fehlen oder konkretisiert werden müssen.

Organisation   Im Folgenden sprechen wir oft von der *Organisation* und meinen damit die Institution (Unternehmen, Behörde…), die ein Notfallmanagement aufsetzen will oder bereits betreibt.

Geschäftsprozesse   Eine solche Organisation hat bestimmte (Fach-)Aufgaben zu bewältigen, die sich in aller Regel als *Geschäftsprozesse* betrachten lassen.

Darunter verstehen wir eine geplante, gesteuerte Abfolge von einzelnen Arbeitsschritten, die manuell von Personen und / oder automatisiert abgewickelt werden. Die Arbeitsschritte laufen im einfachsten Fall sequenziell ab; vielfach handelt es sich aber um ein Netz von parallelen, vielfältig miteinander verknüpften Einzelaktivitäten.

Das Ziel eines solchen Prozesses ist stets, ein Ergebnis zu produzieren oder eine Dienstleistung zu erbringen.

Ein solcher Geschäftsprozess kann sich in einer gegebenen Infrastruktur in vielfältiger Weise der Ressource *Information*, organisatorischer und personeller Ressourcen sowie Mitteln der Informationstechnik (Systeme, Netzwerke, Anwendungen) bedienen. Soweit es um datenverarbeitende (Teil-)Prozesse geht, können diese so charakterisiert werden, dass sie bestimmte Eingabedaten miteinander verknüpfen und daraus Ausgabedaten produzieren.

Der mittels IT abgewickelte Teil eines Geschäftsprozesses wird meist <u>IT-Verfahren</u> (gelegentlich auch: IT-Anwendung) genannt.

Einige wichtige weitere Begriffe, die wir zur Diskussion des Notfallthemas benötigen, wollen wir uns detaillierter anschauen.

Normalbetrieb Als *Normalbetrieb* (bzw. *Normalzustand*) bezeichnen wir eine zeitliche Phase (bzw. Zustand), in der ein Geschäftsprozess seine Funktion korrekt und innerhalb der geplanten Parameter (Kennzahlen für Leistung / Antwortzeiten, maximale Ausfallzeiten,...) erbringt.

Innerhalb des Normalbetriebs werden die genannten Parameter und weitere Größen in einem Sollbereich liegen bzw. einen Sollzustand einhalten.

Störung Eine *Störung* liegt vor, wenn – unabhängig von der Ursache – eine Größe sich nicht mehr innerhalb des Sollbereichs bewegt bzw. eine Abweichung von einem Sollzustand auftritt.

Nehmen wir das Beispiel der Temperaturmessung. Hier wird der Sollbereich meist durch einen Temperaturbereich (z. B. von 15°C bis 35°C) festgelegt. Fällt die Temperatur unter den Wert 15°C oder steigt sie über 35°C, liegt eine Störung vor. Die Auswirkungen dieser Störung können banal sein oder aber den Einstieg in eine Katastrophe darstellen.

Somit sind für jeden kritischen Gegenstand

– der zulässige Temperaturbereich,

– die Notwendigkeit einer Alarmierung (einschließlich möglicher Alarmschwellen) und

–   die Handlungsanweisungen bei Unterschreiten der Minimal-
und bei Überschreiten der Maximaltemperatur festzulegen.

Wichtig ist hierbei eine vernünftige Festlegung des Sollzustands
bzw. des Sollbereichs. Wird dieser Toleranzbereich zu eng gewählt, wird es häufiger Fehlalarme geben. Wird er zu breit ange-
setzt, verbleibt im Störungsfall möglicherweise eine zu geringe
Reaktionszeit, um Schlimmeres zu verhindern.

Bei der Alarmierung sollte ggf. eine mehrstufige Alarmierung (z.
B. Voralarm und Hauptalarm) eingerichtet werden.

Sind nach der Alarmierung die Spezialisten vor Ort eingetroffen,
kann zunächst versucht werden, die Störung zumindest temporär
zu beheben – etwa durch Außerbetriebnahme von starken *Wär-
melieferanten* –, um einen weitere Temperaturanstieg zu vermeiden. Erst im zweiten Schritt könnte danach eine systematische
Beseitigung der Störung erfolgen.

Das so skizzierte Vorgehen sollte nach einem dokumentierten
Schema quasi in standardisierter Form durchgeführt werden.

Andere Beispiele für Störungen können Defekte, d. h. Funkti-
onsverluste sein. Denken Sie beispielsweise an eine Zutrittskontrolle – etwa eine Vereinzelungsschleuse mit Zutritt per Chipkarte
und PIN-Eingabe. Der Sollzustand heißt hier:

–   Die Schleuse ermöglicht keinen Zutritt – ausgenommen die
Zutrittsberechtigung wurde erfolgreich kontrolliert; sodann
wird genau ein Zutritt ermöglicht.

Ist nun die Schleuse aufgrund eines technischen Defektes auf
Dauerdurchlass geschaltet, liegt eine Störung vor: Die Schleuse
ermöglicht unkontrollierte Zutritte.

Eine temporäre *Überbrückung* der Störung könnte darin bestehen, den Zutritt durch eine Wache manuell zu kontrollieren.
Dies muss solange erfolgen, bis die Störung der Schleuse (nach-
weislich) behoben ist.

Sicherheitsvorfall   Ein *Sicherheitsvorfall* liegt vor, wenn durch ein Ereignis einzelne
Sicherheitsziele der Organisation nicht mehr eingehalten werden
können bzw. bereits verletzt wurden.

Zu den *Sicherheitszielen* zählen

–   die Vertraulichkeit, Integrität und Verfügbarkeit von Daten,

–   die Integrität und Verfügbarkeit von Systemen, Netzen, Anwendungen und Geschäftsprozessen,

aber auch Ziele wie

— die Einhaltung bestehender Gesetze bzw. von Kundenvorgaben oder Standards (Compliance).

Man erkennt in dieser Aufzählung bereits wesentliche *Werte* (assets) der Organisation, die bedroht sein können bzw. risikobehaftet sind: Daten, Systeme, Netze, Anwendungen / Geschäftsprozesse. Im weiteren Sinne sind auch die Infrastruktur, das Personal und die organisatorischen Gegebenheiten zu den Werten der Organisation zu rechnen.

Welche Werte im Einzelnen und welche Sicherheitsziele für diese Werte betrachtet werden, ist immer eine individuelle Festsetzung und muss auf die Belange der Organisation abgestimmt sein, wenn es darum geht, entsprechende konzeptionelle Überlegungen anzustellen.

Das oben skizzierte Schleusenproblem kann recht schnell zu einem Sicherheitsvorfall führen: Die Zutrittskontrolle an der Schleuse hat den Sinn, Unbefugte vom Zutritt abzuhalten, weil sich hinter der Schleuse schutzbedürftige Werte befinden. Wird der Defekt der Schleuse von Unbefugten ausgenutzt, um an Unternehmenswerte zu gelangen, liegt ein klassischer Sicherheitsvorfall vor.

Notfall

Weder eine Störung noch ein Sicherheitsvorfall sind automatisch ein *Notfall* oder führen zwangsläufig zu einem solchen. Es gibt sogar Notfälle, die weder aus einer Störung noch aus einem Sicherheitsvorfall resultieren. Als Beispiel sei hier der Entzug einer Betriebsgenehmigung[1] für ein Rechenzentrum durch eine Aufsichtsbehörde genannt. Wenn es sich dabei um einen Dienstleister handelt, dessen Rechenzentrum umsatzwirksame Kunden-Anwendungen fährt, kann der Entzug einer Betriebsgenehmigung – ein Zustand, der zumeist länger dauert – einen GAU darstellen.

Ein Notfall könnte sich auch aus Software- und Anwendungsfehlern ergeben (Ausfall wichtiger Anwendungen), wobei es sich wiederum weder um eine Störung im engeren Sinne noch um einen Sicherheitsvorfall handeln muss.

---

[1] dort, wo solche Genehmigungen erforderlich sind, z. B. bei einem Trust Center nach dem deutschen Signaturgesetz

Die zugegebenermaßen etwas weiche Definition von Notfall lautet: ein Ereignis oder ein Zustand mit gravierenden oder sogar existenzbedrohenden Folgen für die Organisation.

Assets

Wobei können grundsätzlich Notfälle auftreten? Im Grunde bei allen *Werten* (assets) der Organisation! Was zählt man in unserem Kontext dazu?

Daten können zerstört oder manipuliert werden, Unbefugten zur Kenntnis gelangt sein, bei einer Hacker-Attacke „abgezogen" oder schlichtweg nicht gesichert (backup) worden sein. Die Auswirkungen können so gravierend sein, dass die Kategorie Notfall vorliegt.

Bei den *IT-Systemen* kann es durch technische Defekte, durch fehlerhafte Software oder durch Fehlbedienungen des Personals zu Ausfällen kommen, die gravierende Schäden nach sich ziehen.

Jede Hardware benötigt eine Einsatzumgebung, die

– sich innerhalb bestimmter *Grenzwerte* bewegt (betreffend Temperatur, Feuchtigkeit,...),

– bestimmte *Versorgungen* (Strom, Datennetz, Klimatisierung,...) in ausreichender Dimensionierung bereit stellt,

– andere *Schutzeinrichtungen* (Blitz-/Überspannungsschutz, Zutrittskontrolle, Rauchdetektion / Löscheinrichtungen,...) aufweist und

– bestimmten konstruktiven Anforderungen (wie z. B. Brandschutzzonen, Deckenlasten, Mauerstärken,...) genügt.

Werden diese Rahmenbedingungen nicht oder nicht dauerhaft eingehalten, kann es zu Störungen, Sicherheitsvorfällen und Notfällen kommen.

Personal kann durch Epidemien ausfallen, so dass bestimmte Geschäftsprozesse mangels verfügbarer qualifizierter Mitarbeiter zeitweilig eingestellt werden müssen.

Mangelhafte *organisatorische Regelungen* können zu Notfällen führen – etwa dann, wenn bei kritischen Ereignissen keine klaren Eskalationsregeln und Zuständigkeiten festgelegt worden sind.

Mangelnde *Rechtskonformität* kann zu Betriebsstilllegungen führen – man denke an den Fall von Trust Centern nach dem deutschen Signaturgesetz, die aufgrund unzureichender Compliance kurzfristig und unerwartet ihre Betriebsgenehmigung verlieren können.

Ganzheitlich

Man erkennt, dass ähnlich wie beim Sicherheitsmanagement eine ganzheitliche Betrachtungsweise zugrunde gelegt werden sollte, d. h. die Fokussierung auf IT-Systeme und IT-Anwendungen greift in aller Regel zu kurz.

In diesem Buch interessiert uns deshalb jede Art von Notfall, der die Informationsverarbeitung in der Organisation betrifft.

Dazu zählen insbesondere solche Notfälle, die

– durch die IT verursacht werden aufgrund von

  – Ausfällen (Software, Hardware, Kommunikation),

  – ausgenutzten Schwachstellen bzw. Sicherheitslücken,

  – Fehler (Handhabung, Software, Administration, Wartung)

– oder die IT in Mitleidenschaft ziehen wegen

  – des Ausfalls von Versorgungen (Strom, Klima, usw.),

  – ausgenutzter Sicherheitslücken,

  – Fahrlässigkeit (eigenes und Fremdpersonal),

  – personeller Engpässe – auch z. B. aufgrund unzureichender Qualifikation.

Informationsverarbeitung ist aber mehr als nur *IT,* so dass die letzte Aufzählung nur einen Teil der relevanten Vorfälle abdeckt. Folgendes Extrem-Beispiel mag zur Erläuterung hilfreich sein – auch wenn dieser Fall heutzutage eher selten vorkommt:

Eine Organisation, die ausschließlich noch mit Schreibmaschine, Karteikästen und Aktenordnern arbeitet, muss Sicherheits- und Notfallmanagement betreiben. Insbesondere sind Vorkehrungen und Vorgehensweisen für den Fall erforderlich, dass der vorherrschende Datenträger „Papier" Schaden nimmt oder verlustig geht (etwa in Folge von Brand oder Diebstahl). *Informationsverarbeitung* in unserem Sinne ist also nicht an die IT gebunden!

Wir lassen folgerichtig im weiteren Text die Vorsilbe „IT-" weg, wenn dies wie zuvor erläutert gerechtfertigt ist.

Business Continuity

Eine Reihe von Notfallsituationen haben wir bereits skizziert. In der Diskussion vorherrschend sind meist Ausfallszenarien, deren Gegenstand eine nicht akzeptable Verzögerung oder gar die Unterbrechung von Geschäftsprozessen ist. Das Gegenteil ist die *Business Continuity,* d. h. die Aufrechterhaltung der Geschäftsprozesse der Organisation unter Einhaltung der erforderlichen zeitlichen Verfügbarkeiten.

Schäden

Entscheidendes Charakteristikum dafür, dass ein bestimmtes Ereignis oder ein länger dauernder Zustand einen Notfall darstellt, ist der für die Organisation entstehende Schaden. Wenn dieser gravierend oder sogar existenzbedrohend ist (oder sich absehbar dazu auswachsen kann), sprechen wir von einem (potenziellen) *Notfall.* Natürlich macht es aus Sicht der Organisation einen Unterschied, ob ein solcher Notfall genau einmal oder regelmäßig etwa jeden Monat stattfindet. Dennoch ist es so, dass bereits das einmalige Auftreten einen Notfall darstellt. Folglich betrachten wir im Rahmen des Notfallmanagements nicht die *Häufigkeit* des Eintretens eines Vorfalls, sondern dessen *Schadenhöhe* und seine Auswirkungen auf die Organisation.

Risiken

Dies ist ein wesentlicher Unterschied zum Sicherheitsmanagement, das stets *Risiken* betrachtet – also Kombinationen von Häufigkeiten und Schadenhöhen – wir werden dies noch vertiefen.

Ab welcher Höhe Schäden als gravierend oder existenzbedrohend gewertet werden, ist immer eine individuelle Einschätzung. D. h. jede Organisation muss für sich festlegen, wann ein Schaden in eine dieser Kategorien fällt. Wichtig ist aber, hierbei ein einheitliches Bewertungsschema zu haben.

Bewertungssystem

Damit ist klar, dass eine wichtige Aufgabe des Notfallmanagements offensichtlich darin besteht,

– ein mehrstufiges Bewertungssystem einzuführen, nach dem Schadenereignisse hinsichtlich ihrer Auswirkungen auf die Organisation bewertet werden,

und bei jeder Bewertungsstufe

– grundsätzliche Anforderungen an *präventive* Maßnahmen zu stellen, sowie

– die prinzipielle *reaktive* Vorgehensweise beim Eintritt von entsprechenden Ereignissen festzulegen, um den Vorfall bewältigen zu können.

Notfallmanagement

Die folgende Abbildung gibt einen Überblick über wesentliche Elemente des Notfallmanagements.

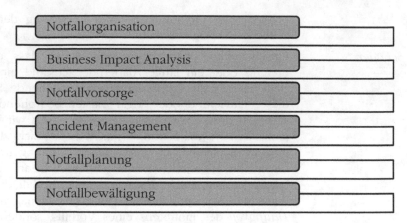

Abbildung 3: Elemente des Notfallmanagements

Diese einzelnen Elemente werden wir in den folgenden Kapiteln noch detailliert erläutern – aber zuvor im Überblick:

Notfall-organisation

Eine geeignete, effektive Notfallorganisation aufzubauen muss das primäre Ziel sein. Hinsichtlich der Aufbauorganisation sei vorweggenommen, dass das Notfallmanagement von einer speziellen Organisationseinheit bzw. Stabsfunktion oder ggf. auch vom Sicherheitsmanagement wahrgenommen werden kann. Wir werden dies später noch vertiefen und vor allem behandeln, wie man mit anderen Stellen in einer Organisation kooperiert bzw. sich von diesen abgrenzt.

Management-System

Inhaltlich kommt es darauf an, ein Management-System einzurichten, in dem die notwendigen Rollen (z. B. Notfallbeauftragte(r), Krisenstab, Notfallteams, Experten,...) und deren Pflichten festgelegt sind, entsprechende Vorgaben zur Prävention und Verfahren zur Notfallbewältigung festgelegt, dokumentiert und gepflegt werden.

Notfall-Leitlinie

In einer (Notfall-)*Leitlinie* kann u. a. kommuniziert werden,

– welche Geschäftsprozesse so wesentlich sind, dass sie unter das Notfallmanagement fallen sollen,

– welche grundsätzlichen Vorkehrungen für Notfälle getroffen sind und

– welche Verpflichtungen für die Leitung, das Management und die Mitarbeiter/innen bestehen.

Business Impact Analysis (BIA)

Eine Business Impact Analysis (BIA) wird durchgeführt, um die für die Organisation wesentlichen Kernprozesse zu erkennen und ihre Kritikalität zu bewerten. Die Kritikalität ist entscheidend dafür, welche Prioritäten z. B beim Wiederanlauf von Anwendungen und Systemen gesetzt werden.

Kritikalitäten vererben sich nach einem bestimmten Verfahren auf alle (technischen, personellen, organisatorischen,...) Ressourcen, die ein Geschäftsprozess benötigt. Im Ergebnis der BIA sind alle kritischen Ressourcen nach ihrer Kritikalität bewertet; daraus kann auch eine geeignete *Kontinuitätsstrategie* abgeleitet werden, die besagt, welche Art von Redundanz und Überbrückung für welche Ressource benötigt wird.

Notfallvorsorge

Bei der Notfallvorsorge geht es zunächst darum, durch Analysen die Risiken für die Geschäftsprozesse der Organisation zu ermitteln, abzuschätzen und zu bewerten. Dies geschieht normalerweise in einem *Sicherheitskonzept*, das vom Sicherheitsmanagement zu erstellen ist. Gibt es ein solches Konzept bisher nicht, wird die Aufgabe zwangsläufig vom Notfallmanagement mit zu erledigen sein.

Im Sicherheitskonzept werden den bewerteten Risiken (präventive) Sicherheitsmaßnahmen zugeordnet, deren Zweck es ist, diese Risiken zu kontrollieren, zu mindern oder vollständig zu beseitigen. Ein entsprechender Risikobehandlungsplan mit einer Restrisikoermittlung sind z. B. nach /ISO27001/ gefordert.

Aus Sicht des Notfallmanagements ist es beim Sicherheitskonzept vordringlich, zumindest für kritische Ressourcen von wichtigen Geschäftsprozessen die jeweilige Kontinuitätsstrategie anzuwenden, die sich aus der BIA ergeben hat. Im Sicherheitskonzept sind folglich für solche kritischen Ressourcen Vorgaben zur Ersatzbeschaffung, Vorhaltung von Ersatz, Parallelbetrieb, Überbrückung etc. als Maßnahmen vorzusehen.

Incident Management

Eine weitere wichtige Sicherheitsmaßnahme ist das Aufsetzen eines *Incident Managements*. Hierunter fallen zunächst alle Vorkehrungen und Aktivitäten zur Früherkennung und Erfassung von Störungen, Sicherheitsvorfällen und (potenziellen) Notfällen. Wichtig sind im Weiteren der zuverlässige Transport der Meldungen, das Auflaufen an zentralen Stellen, die Klassifizierung und Eskalierung, die geordnete Bearbeitung der Vorkommnisse durch qualifiziertes Personal, sowie die Aufzeichnung aller Schritte. Eine periodische Analyse und Auswertung der Aufzeichnungen gehört ebenfalls zu diesem Aufgabenpaket. Für die Abwicklung werden vielfach entsprechende Tools eingesetzt.

Notfallplanung Die Notfallplanung besteht darin, das Notfallgeschehen konzeptionell vorauszuplanen. Ausgehend von einer Notfall-Leitlinie geht es darum,

– praktische *Notfallinformationen* für die Mitarbeiter/innen der Organisation bereitzustellen (mit Notfallrufnummern, Evakuierungsplänen, Verhaltensregeln, etc.),

– alle (präventiven) Maßnahmen zur Notfallverhinderung bzw. Schadenminderung zu erfassen und zu vervollständigen (*Notfallvorsorgekonzept*, auch: Sicherheitskonzept),

– das (reaktive) Verfahren der Notfallerkennung und Notfallbewältigung festzulegen (*Notfallkonzept*) und

– für die an der Notfallbewältigung beteiligten Personen und Teams *Notfallhandbücher* und *Notfall-/Wiederanlaufpläne* bereit zu stellen.

Zur Notfallplanung gehört insbesondere auch die Erprobung der Verfahren zur Notfallerkennung und -bewältigung. Dies kann durch *Krisenübungen* und *Notfalltraining* geschehen, aber auch durch *Simulationen* bestimmter Szenarien – letztlich natürlich auch durch das Auswerten real eingetretener Notfälle (das sollte allerdings nicht die einzige Alternative sein).

Notfall-bewältigung Unter Notfallbewältigung verstehen wir das konkrete Bearbeiten von Notfällen (nachdem diese eingetreten sind). Dabei wird man so vorgehen, wie es im Notfallkonzept, den Notfallhandbüchern und -plänen vorgesehen ist – zumindest bei solchen Vorfällen, deren Behebung im Voraus planbar war.

Management-Modell Aus einer übergeordneten Sicht kann man die Vorgehensweise des Notfallmanagements grundsätzlich in vier Phasen einteilen:

– *Vorbeugen / Prävention:* Man sollte durch geeignete Planungsaktivitäten dafür sorgen, dass entsprechende Vorfälle möglichst gar nicht erst eintreten oder ihre Eintrittswahrscheinlichkeit / der verursachte Schaden zumindest reduziert wird.

– *Behandeln von Vorfällen:* Bereits eingetretene Vorfälle sollten so behandelt werden, dass die Auswirkungen bzw. Schäden begrenzt werden und der Normalzustand in akzeptabler Zeit wiederhergestellt wird.

– *Auswerten / Lernen*: Eingetretene Vorfälle sollten aufgezeichnet und ausgewertet werden; daraus sind ggf. Handlungsoptionen abzuleiten. Diese können einzelne Sicherheitsmaßnahmen oder auch das Sicherheits- und das Notfallmanagement als solche betreffen.

– *Umsetzen / Verbessern*: Die im vorherigen Schritt abgeleiteten Maßnahmen werden umgesetzt: Dabei kann es sich um Korrekturmaßnahmen oder um Vorbeugemaßnahmen handeln.

Korrekturmaßnahmen dienen dazu, vorhandene unwirksame oder aus anderen Gründen unzureichende Maßnahmen durch „bessere" zu ersetzen. *Vorbeugemaßnahmen* sind solche, die verhindern sollen, dass bestimmte Vorfälle überhaupt eintreten.

Die Ergebnisse dieser vier Phasen sind natürlich nicht als statisch anzusehen, d. h. es sind regelmäßige Aktualisierungen einzuplanen. Folglich sind die oben skizzierten Phasen regelmäßig (d. h. in geplanten zeitlichen Abständen) zu durchlaufen.

Abbildung 4:   PDCA beim Notfallmanagement

Man erkennt, dass es sich dabei um eine Art *Regelkreis* handelt – insbesondere im Hinblick auf das Lernen aus Vorfällen, das Ziehen von Schlüssen, die Planung und Umsetzung von Verbesserungen. Wird dieser Regelkreis mehrfach bzw. regelmäßig durchlaufen, wird sich das Notfallmanagement in der Organisation kontinuierlich verbessern – was das generelle Ziel dieses Regelkreises ist.

In allen aktuellen Management-Standards wird diese Systematik als PDCA = **P**lan-**D**o-**C**heck-**A**ct bezeichnet.

2.2 Notfälle und Wiederanlauf

In den folgenden Kapiteln werden wir uns mit der Planung für den Wiederanlauf von Ressourcen nach bestimmten Schadenereignissen befassen. Um solche Überlegungen präziser darstellen zu können, benötigen wir einige Begriffe, die wir hier zusammenstellen und erläutern wollen.

Dazu schauen wir uns anhand der folgenden Abbildung 5 die üblichen Abläufe und Zeitintervalle bei einem Schadenereignis *im Überblick* an. Weitere Details hierzu finden Sie in Kap. 7.

Ein Notfall tritt oft nicht schlagartig ein, sondern kündigt sich durch einige Incidents an – d. h. es gibt eine *Entwicklungszeit* ΔE, in der sich die Probleme aufschaukeln, bis es zum Eintritt (Zeitpunkt T_0) des Schadenereignisses kommt, den wir von seinem Ausmaß her als Notfall betrachten. Es kann natürlich vorkommen, dass die Entwicklungszeit sehr klein oder sogar Null ist.

Daran schließt sich eine (hoffentlich kurze) Zeitspanne an, in der Alarme bearbeitet werden, der potenzielle Notfall erkannt und an zuständige Stellen eskaliert wird. Die für diesen Fall vorgesehene Notfallorganisation wird ihre Arbeit aufnehmen und ggf. den Notfall „ausrufen". Die inzwischen verstrichene Zeitspanne T_0 bis T_s wollen wir die *Reaktionszeit* ΔR nennen.

Der nächste Schritt der Notfallorganisation besteht darin, Entscheidungen über Art, Umfang und Reihenfolge von geeigneten Maßnahmen zur Behebung des Notfalls zu treffen. Dies mündet in der Beauftragung entsprechender Teams, die erforderlichen Reparaturen durchführen und die ausgefallene Ressource in den Normalbetrieb zurückführen sollen. Damit sind wir in der Grafik beim Zeitpunkt T_w und haben eine weitere Zeitspanne ΔP (*Planungszeit*) benötigt.

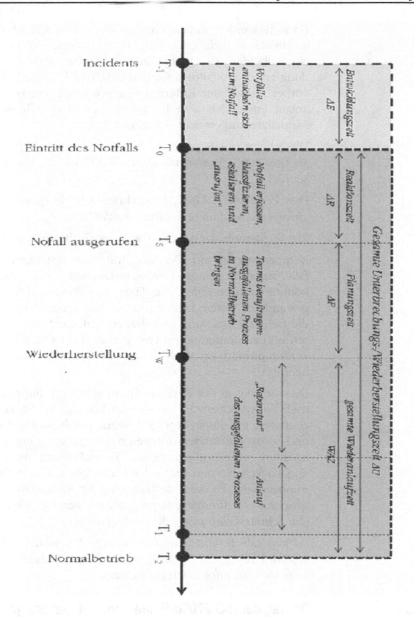

Abbildung 5:   Zeitabläufe Schadenereignis

Danach werden entsprechende Reparaturen und ein Wiederanlauf der ausgefallenen Ressource durchgeführt (T_1). Bevor der
Normalbetrieb als erreicht gelten kann und diesbezüglich Meldung an die Notfallorganisation ergeht, sollte – möglichst anhand
vorher festgelegter Kriterien – geprüft werden, ob der Wiederanlauf erfolgreich war; im positiven Fall ist schlussendlich der
Normalzustand erreicht (Zeitpunkt T_2).

Wiederanlaufzeit　Die Summe aus Reparatur-, Anlauf- und Prüfzeit bezeichnen wir
als (gesamte) *Wiederanlaufzeit* (WAZ) für die ausgefallene Ressource.

Den Zeitraum T_0 bis T_2 bezeichnen wir als (gesamte) *Unterbrechungszeit* ΔU (auch: gesamte *Ausfallzeit*).

Zur Wiederanlaufzeit wollen wir uns ein Beispiel ansehen:

Nehmen wir an, ein IT-System mit einer installierten Datenbank
fällt aufgrund eines Hardware-Defektes aus. Die Reparatur
könnte darin bestehen, das IT-System durch ein funktionstüchti-
ges anderes System zu ersetzen, d. h. aus dem Lager zu holen, in
die Betriebsumgebung einzubauen, ggf. die Software zu installie-
ren und zu konfigurieren (wenn dies nicht schon prophylaktisch
vorher passiert ist) und zu starten. Damit ist die *Reparaturzeit*
beendet.

Dies ist aber in der Regel nicht ausreichend, um den Normalbetrieb zu erreichen: Es müssen insbesondere die Daten (möglicherweise auf einem Storage-System gehalten) zugeführt werden,
und zwar die letzten integeren Daten vor dem Ausfall – es
könnten ausfallbedingt einige Transaktionen nicht vollständig
abgewickelt worden sein oder Daten aus anderen Gründen korrumpiert sein. Es muss deshalb eine Art Rücksetzung erfolgen (s.
Abschnitt 7.1 für die entsprechenden Recovery-Strategien). Solche Schritte fallen unter die *Anlaufzeit*.

Schlussendlich wird man auch überprüfen wollen, ob das *Recovery* erfolgreich war, bevor man den Wiederanlauf der Datenbank
insgesamt als erfolgreich bezeichnet.

2.3　Beitrag der ISO 27000-Reihe zum Notfallmanagement

Die Normen der Reihe ISO 27000 behandeln das Thema Notfallmanagement vor allem unter der Fragestellung, wie die Notfallvorsorge und das Verhalten bei Notfällen in das ISMS (Informationssicherheitsmanagement-System) integriert werden können, ohne dabei jedoch ausdrücklich auf Notfälle einzugehen.

ISO 27000

Die Norm ISO 27000 gibt einen Überblick über die einzelnen Normen der Reihe und stellt das benötigte Vokabular bereit. Darin kommt der Notfall als eigenständiger und definierter Begriff nicht vor. Allerdings findet man Begriffe, die eine inhaltliche Verwandtschaft haben, z. B. Angriff (attack), Fortführung des Geschäftsbetriebs (business continuity), Korrekturmaßnahme (corrective action), Ereignis (event), Handlungsanweisung (guideline), Auswirkungen (impact), Informationssicherheitsereignis (information security event), Informationssicherheitsvorfall (information security incident), Informationssicherheitsrisiko (information security risk), Vorbeugemaßnahme (preventive action) und Risiko (risk). Für einige Begriffe der ISO 27000 wollen wir aufzeigen, in welcher Beziehung sie zum Begriff *Notfall* stehen können.

Im Abschnitt 2.1 wurden bereits einige der Begriffe, die auch in der ISO 27000 definiert sind, erläutert: Fortführung des Geschäftsbetriebs (business continuity), Korrekturmaßnahme (corrective action), Informationssicherheitsvorfall (information security incident), Informationssicherheitsrisiko (information security risk) und Risiko (risk), wobei zum Teil die Zusammensetzung mit "Informations-" oder "Informationssicherheits-" unterdrückt wurde.

Ein Angriff (attack) wird definiert als ein Versuch, einen oder mehrere Werte der Organisation (asset) zu zerstören, aufzudecken, zu (ver)ändern, zu deaktivieren, zu stehlen, unberechtigt zu benutzen oder unberechtigt auf einen Wert zuzugreifen. Durch einen Angriff kann daher insbesondere dann ein (IT-) Notfall ausgelöst werden, wenn Werte betroffen sind, die z. B. bei der BIA als wesentlich für einen kritischen Geschäftsprozess identifiziert wurden. Ein (gezielter) Angriff sollte daher immer als ein mögliches auslösendes Moment eines Notfalls angesehen werden.

Handlungsanweisungen treten in unserem Zusammenhang vor allem als Verhaltens- oder Vorgehensregeln beim Eintreten eines Notfalls auf. Es kann sich dabei um eher allgemeine Anweisungen handeln, wie z. B. die Notfall-Leitlinie, oder um konkrete Anweisungen, wie sie im Notfallhandbuch oder im Wiederanlaufplan zu finden sind.

Die Begriffe *Ereignis, Auswirkung* und *Informationssicherheitsereignis* bedürfen in unserem Zusammenhang keiner besonderen Definition, da ihr umgangssprachlicher Begriffsinhalt für das

Verständnis ausreichend ist. Auch ist die Unschärfe der Begriffe für das Verständnis nicht hinderlich.

Auf eine Feinheit beim Begriff *Vorbeugemaßnahme* soll jedoch hingewiesen werden. Bei der Frage, wie die Auswirkungen eines Notfalls beherrscht werden können, spielen zwei zu unterscheidende Aspekte eine Rolle:

— Wie kann verhindert werden, dass ein konkreter Notfall eintritt? Das ist der Aspekt der Vorbeugung (Prävention).

— Wenn das Eintreten eines Notfalls schon nicht grundsätzlich verhindert werden kann, wie kann man sich auf sein Eintreten vorbereiten? Wie kann nach einem eingetretenen Notfall für eine Rückkehr zum Normalbetrieb gesorgt werden? Das ist der Aspekt der Notfallbewältigung (Reaktion).

Die für eine erfolgreiche Notfallbewältigung notwendigen Maßnahmen sind – soweit im Vorhinein planbar – im Grunde ebenfalls vorsorglicher Natur. Insofern unterscheidet man bei der ISO 27000 nicht genau zwischen beiden Aspekten, der Begriff Notfallvorsorge wird also sowohl im Sinne von Vorbeugung als auch im Sinne von Vorsorge benutzt.

ISO 27001

Die Norm ISO 27001 legt die Anforderungen fest, die an ein Informationssicherheitsmanagement-System (ISMS) zu stellen sind. Ein ISMS wird definiert als ein Teil des Management-Systems einer Organisation, das auf der Basis der Bewertung von Geschäftsrisiken den Aspekt der Informationssicherheit behandelt. Wegen der Abhängigkeit des Geschäftsbetriebes von moderner Informations- und Kommunikationstechnik spielt die Informationssicherheit für den Geschäftsbetrieb der Organisation eine bestimmte Rolle. Das ISMS ist ein Management-System, das dazu dient, die Informationssicherheit in der Organisation einzuführen, umzusetzen, zu betreiben, zu überwachen, zyklisch zu bewerten, zu erhalten und zu verbessern. Eine wesentliche Grundlage für den Aufbau eines ISMS ist die Durchführung einer Risikoanalyse; wir gehen darauf weiter unten ein.

Das ISMS betrachtet eine Reihe von Regelungsgebieten, für deren Management jeweils zum Teil recht detaillierte Anforderungen aufgestellt werden: die interne Organisation der Geschäftsprozesse, die externen Beziehungen der Organisation, das Management der Werte der Organisation, die personelle Sicherheit, die physische Sicherheit, die Einbettung der Organisation in ihre Umgebung, das Betriebs- und Kommunikationsmanagement, die Zugangskontrolle, die IT-Systeme der Organisation unter den

Aspekten Beschaffung, Entwicklung und Wartung, den Umgang mit Informationssicherheitsvorfällen, die Sicherstellung des Geschäftsbetriebs und die Einhaltung von Vorgaben. Obwohl es Querverbindungen zu anderen Gebieten gibt, wird das IT-Notfallmanagement am ehesten zum Umgang mit Informationssicherheitsvorfällen gehören.

Mit Blick auf das IT-Notfallmanagement sind dabei folgende allgemeinen Anforderungen relevant[2]:

— Umsetzung von Programmen für Schulung und Bewusstseinsbildung (4.2.2 e),

— Umsetzung von Verfahren und anderen Maßnahmen, die eine sofortige Erkennung von Sicherheitsereignissen und Reaktion auf Sicherheitsvorfälle ermöglichen (siehe 4.2.2 h),

— Überprüfung der Risikoeinschätzungen in regelmäßigen Abständen und Überprüfung der Restrisiken und akzeptablen Risikoniveaus (4.2.3 d),

— Aktualisierung von Sicherheitsplänen (4.2.3 g).

Diese Aufzählung ist nicht vollständig, sie soll jedoch verdeutlichen, dass der Aufbau und die Pflege eines Notfallmanagements nicht zu den primären Zielen der ISO 27001 gehört. Sie liefert allenfalls allgemeine Anhaltspunkte dafür. Dennoch ist es wichtig zu erkennen, dass ein IT-Notfallmanagement in einem ISMS Platz hat, und wohin es gehört. So verstanden, liefert die ISO 27001 eine Fülle von Anregungen, die beim Aufbau des IT-Notfallmanagements hilfreich sind, vor allem auf Seiten der Maßnahmenziele. Im Anhang A.13 der ISO 27001 finden sich viele Anforderungen, deren Umsetzung auch für ein IT-Notfallmanagement erforderlich ist. Dazu seien folgende Beispiele genannt:

— Informationssicherheitsereignisse müssen so schnell wie möglich über die geeigneten Managementkanäle gemeldet werden. (A.13.1.1),

— Verantwortlichkeiten für den Umgang und Verfahren müssen eingerichtete werden, um eine schnelle, effektive und planmäßige Reaktion auf Informationssicherheitsvorfälle sicherzustellen. (A.13.2.1)

---

[2] Die Angaben in den runden Klammern verweisen auf den entsprechenden Abschnitt der ISO 27001.

Auch die Anforderungen an die Sicherstellung des Geschäftsbetriebes (vgl. A.14 aus ISO 27001) sind hier zu nennen, soweit sie die Aspekte der Risikoanalyse und der Wiederanlaufplanung betreffen (A.14.1.2, A.14.1.3).

ISO 27005   Die Norm ISO 27005 behandelt das Risikomanagement der Informationssicherheit, und zwar für solche Risiken, die u. a. mit dem Einsatz von Informationstechnik verbunden sind. Der Schwerpunkt der Norm liegt ganz eindeutig beim Management, also bei der Leitungsaufgabe, Risiken im Geschäftsbetrieb der Organisation zu identifizieren, zu bewerten und zu behandeln. Sie ist aber nicht als methodischer Leitfaden für die Durchführung von Risikoanalysen oder Risikobewertungen gedacht.

Risikomanagement wird als Prozess verstanden, der in folgenden Phasen verläuft:

– P: Bereitstellung des Kontextes für das Risikomanagement,

– P: Durchführung der Risikobegutachtung (risk assessment),

– P: Aufstellung des Risikobehandlungsplans,

– P: Akzeptieren der (Rest-)Risiken,

– D: Umsetzung des Risikobehandlungsplans,

– C: Überwachung und Kontrolle der Risiken,

– A: Aufrechterhaltung und Verbesserung des Prozesses.

In den vorangestellten Großbuchstaben erkennt man leicht die Abkürzungen der Phasen des sogenannten PDCA-Zyklus des Management-Modells, vgl. Abschnitt 2.1.

Bei dieser kurzen Vorstellung des Inhalts der ISO 27000 Normenreihe soll nur auf einige besonders wichtig erscheinende Themen eingegangen werden.

Bereitstellung des Kontextes bedeutet im Wesentlichen, die Frage zu beantworten, warum überhaupt ein Risikomanagement etabliert werden soll. Interessanterweise gibt die ISO 27005 dafür ausdrücklich folgende zwei Beispiele an:

– Aufstellung eines Plans zur Fortführung des Geschäftsbetriebs,

– Aufstellung eines Plans zur Reaktion auf Vorfälle.

Beides wird für das Notfallmanagement benötigt, und so kann die Aufstellung eines Notfallplanes ebenfalls als Begründung für die Einführung eines Risikomanagements angegeben werden.

Bei der Auswahl der Methode zur *Durchführung der Risikobegutachtung* gibt es seitens der ISO 27005 keine Einschränkung. Man verlässt also den Rahmen der ISO 27005 nicht, wenn die in Kapitel 4 beschriebene Business Impact Analysis angewendet wird.

Das *Akzeptieren der Risiken* gehört zur Planungsphase und schließt diese ab. Es ist ein besonders wichtiger Schritt für die Organisation, weil hier verbindlich entschieden wird, welche Risiken die Organisation in welcher Weise behandeln will (Risikobehandlungsplan) und welche Risiken sie als akzeptabel einschätzt. Mit anderen Worten wird hier auch entschieden, welches Restrisiko (im Geschäftsbetrieb) bestehen bleibt, gegen das keine Maßnahmen vorgesehen sind. Das Restrisiko wird also stets billigend in Kauf genommen! Man vergleiche dazu auch die Empfehlung in Abschnitt 10 der ISO 27005 an die Entscheidungsträger, etwaige Begleitumstände, die zum Akzeptieren des Restrisikos geführt haben, unbedingt zu dokumentieren.

ISO 27004

Die Norm ISO 27004 behandelt die Effektivitätsmessung im Informationssicherheitsmanagement und gibt Hilfestellung bei der Entwicklung und Benutzung von Maßen, die der Begutachtung der Effektivität eines ISMS dienen.

Die ISO 27004 teilt Effektivitätsmaße in drei Kategorien ein, in

– Grundmaße (base measures),

– abgeleitete Maße (derived measures) und

– Indikatoren (indicators).

Eine Organisation, die ein ISMS betreibt, ist nach der ISO 27001 verpflichtet, die Effektivität der einzelnen Maßnahmen zyklisch zu bewerten, und das nicht nur bei Änderungen von Maßnahmen, sondern für alle[3] Maßnahmen des ISMS. Die Organisation kann dabei so vorgehen, dass sie für einen bestimmten Zeitraum, z. B. für ein Jahr, eine Auswahl von Maßnahmen bestimmt, die überwacht und in ihrer Wirksamkeit bewertet werden sollen.

---

[3] vgl. ISO 27001, Abschnitt 0.2 c: *Überwachung und Überprüfung der Leistung und Wirksamkeit des ISMS*, weiter ausgeführt als normative Anforderung in ISO 27001, Abschnitt 4.2.2 d und Abschnitt 4.2.3 c

Dabei will die ISO 27004 unterstützen, indem sie einen Rahmen für die Effektivitätsmessung bereit stellt.

Bei der Erläuterung des Begriffs *Störung* haben wir dargestellt, dass die Über- oder Unterschreitung von Temperaturschwellenwerten eine Störung darstellt. Bei der Temperatur und allgemeiner bei physikalischen Größen handelt es sich um wohl definierte Eigenschaften, für die es auch eine Messvorschrift und Messeinrichtungen gibt. Es ist daher generell ein Vorteil, wenn als Effektivitätsmaß eine physikalische Größe herangezogen werden kann. Man kann aber auch ein abgeleitetes Effektivitätsmaß auf der Basis einer physikalischen Messgröße bestimmen, z. B. indem die Anzahl der Störfälle bezüglich der Temperatur innerhalb eines Zeitraumes bestimmt wird. Ob die Anzahl der Störfälle jedoch ein Effektivitätsmaß darstellt, hängt vom Einzelfall ab.

Komplizierter wird die Effektivitätsmessung, wenn keine physikalischen Größen zur Verfügung stehen, z. B. um die Effektivität von Schulungsmaßnahmen zu bewerten. Diese spielen in unserem Zusammenhang durchaus eine Rolle, z. B. bei der Vorbereitung auf Notfallübungen, die wir in Abschnitt 8.6 besprechen. Als Grundmaß kann in einem solchen Fall die Anzahl der Mitarbeiter dienen, die an der Schulung teilgenommen haben. Wird diese Anzahl noch mit der Anzahl der Mitarbeiter verglichen, die an der Schulung hätten teilnehmen sollen (z. B. in Übereinstimmung mit dem Schulungsplan), so kann daraus der Erfüllungsgrad als abgeleitetes Maß bestimmt werden.

Beide, Grundmaß und abgeleitetes Maß, sind in diesem Beispiel recht grobe Maße. Sie sagen nur aus, dass ein bestimmter Anteil der Belegschaft während der Präsentation der Schulungsinhalte anwesend war.

Oft wird jedoch mehr erwartet, z. B. dass die Mitarbeiter sich bei einem Notfall angemessen verhalten. Das erfordert jedoch ein komplexeres Effektivitätsmaß. Wird im Anschluss an die Schulung eine Notfallübung durchgeführt, so könnte während der Notfallübung gezählt werden, wie viele Ereignisse eingetreten sind, bei denen sich Mitarbeiter nicht so verhalten haben, wie in der Schulung angegeben. Ein in dieser Weise definiertes Effektivitätsmaß kann unter weiterführenden Fragestellungen ausgewertet werden: Konnte der Schulungsinhalt vermittelt werden? War die Darstellung zu komplex? War die Darstellung detailliert genug? Fehlten Inhalte? Wurden Verhaltensweisen oder Abfolgen hinreichend geübt? Mit der Komplexität des Effektivitätsmaßes

steigt natürlich auch die Komplexität der Auswertung der Mess-
ergebnisse.

Fazit

Zusammenfassend zeigt sich, dass die Normen der ISO 27000
Reihe auch für das Notfallmanagement wertvolle Hinweise enthalten. Das Notfallmanagement kann als Bestandteil des ISMS
nach ISO 27001 betrieben werden, die erforderliche BIA kann in
Übereinstimmung mit der Risikoanalyse und -bewertung nach
ISO 27005 durchgeführt werden, und zur Effektivitätsmessung
der Notfallmaßnahmen kann die ISO 27004 herangezogen werden.

2.4 Sicherheitsprozess nach ISO 27000

Die Planung, Umsetzung, Überwachung und Verbesserung der
Sicherheit ist eingebettet in den PDCA-Zyklus, den wir schon
mehrfach erwähnt haben.

*Planung /
Konzeption*

Insbesondere bei der konzeptionellen Planung ist deshalb nicht
von einer einmaligen Aktion auszugehen, vielmehr ist nach einem ersten – meist durchaus aufwändigen – Schritt in regelmäßi-
gem Abstand eine Überarbeitung und Fortschreibung der Konzeption erforderlich.

Nach dieser Vorbemerkung sind also die Schritte der folgenden
Abbildung 6 periodisch zu durchlaufen – zunächst mit einer
initialen Konzeption, dann in der Folge im Sinne von *Prüfen
und Überarbeiten.*

Beim *Anwendungsbereich* (scope) ist festzulegen, worauf sich
das Sicherheitsmanagement bezieht, etwa auf die gesamte Organisation, Teile davon, einzelne Standorte, bestimmte Geschäftsprozesse usw.

Die *Leitlinie* dient dem Zweck, dem betroffenen Personenkreis
eine einheitliche Orientierung und Ausrichtung für das Management der Informationssicherheit zu geben. Dieses Dokument
behandeln wir im Detail im Abschnitt 6.2.

Alles, was für die Organisation im Zusammenhang mit dem Anwendungsbereich einen Wert darstellt und sich auf die Informationsverarbeitung bezieht, ist zu erfassen. Beispiele für diese
Informationswerte haben wir bereits auf der Seite 14 gegeben.
Die so erstellte Liste ist Ausgangspunkt für das Risikomanagement.

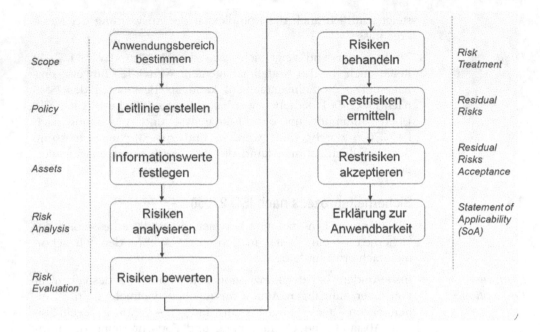

Abbildung 6:   Konzeptionelle Phasen nach ISO 27001

Bei den nächsten beiden Schritten geht es um die Analyse und Bewertung der *Risiken* für die erfassten Informationswerte. Die Analyse besteht in der Ermittlung (Identifizierung) und Abschätzung von Risiken. Dabei sind vorhandene Schwachstellen einzubeziehen, ohne die im Sinne der Norm ein Risiko nicht relevant ist. Bei der Bewertung eines Risikos wird die Auswirkung auf die Organisation bzw. die Bedeutung für die Organisation untersucht, wenn das betreffende Risiko tatsächlich eintritt.

Die festgestellten Risiken müssen anschließend weiter behandelt werden, und zwar in einem *Risikobehandlungsplan*. Dazu gehören folgende Überlegungen: Risiken können

– durch eine andere Ausgestaltung oder gar Einstellung von Geschäftsprozessen vermieden werden,

– ohne weitere Maßnahmen akzeptiert werden,

– durch weitere bzw. andere Maßnahmen oder eine geänderte Konzeption reduziert werden,

– auf Dritte (Dienstleister, Versicherungsunternehmen) verlagert werden.

Bei der Auswahl einzelner *Maßnahmen* sind deren Wirksamkeit und Wirtschaftlichkeit zu prüfen – aber auch weitere Aspekte wie Praktikabilität und Akzeptanz bei den Betroffenen.

Ausgangspunkte bzw. Quellen für solche Maßnahmen stellen der Anhang A der ISO 27001 sowie die ISO 27002 dar – es können aber auch andere Kataloge wie etwa der Maßnahmenkatalog des IT-Grundschutzes als Referenz herangezogen werden.

Der Risikobehandlungsplan wird nach Auswahl der genannten Optionen und Maßnahmen die verbleibenden *Restrisiken* ermitteln. Sobald die Organisation die Restrisiken als tragbar erkennt und somit beschließt, diese zu akzeptieren, ist das Verfahren beendet. Andernfalls muss „nachgebessert" werden, d. h. man kehrt in der obigen Abbildung zu einem früheren Schritt zurück, um durch entsprechende Anpassungen die Restrisiken zu reduzieren.

In der *Erklärung zur Anwendbarkeit* werden die Ergebnisse der erläuterten Schritte zusammengefasst und ggf. von der Leitung der Organisation genehmigt, d. h. zur Umsetzung freigegeben.

Umsetzung

Über den Schritt der Umsetzung lässt sich die Norm nur insofern aus, als es um die Einrichtung des ISMS und der begleitenden Prozesse geht – jedoch nicht die Umsetzung einzelner Maßnahmen betreffend.

Beim ISMS geht es um die organisatorische Einrichtung, die Rollen und deren Tätigkeiten sowie um die Anwendung des PDCA-Zyklus.

Zu den begleitenden Prozessen zählen interne Audits, die so genannte Managementbewertung, die Lenkung der Dokumentation und der Aufzeichnungen, die Unterstützung des ISMS durch die Leitung – insbesondere durch die Bereitstellung von Ressourcen und Qualifizierungsmöglichkeiten für das Personal (in Sachen Informationssicherheit).

Überwachung

Interne (ebenso wie externe) Audits stellen *ein* Element der Kontrolle bzw. Überwachung dar. Im Weiteren sind zu nennen: Tests zur Überprüfung technischer Sicherheitsmaßnahmen (etwa die bekannten Pen-Tests), Inspektion der Umsetzung administrativer und infrastruktureller Maßnahmen, Arbeitsplatzbegehungen zur Prüfung der Einhaltung von Sicherheitsvorgaben, Auswertung maschinell oder manuell erstellter Aufzeichnungen.

Fazit

Das zuvor skizzierte Vorgehen ist in der Praxis z. T. recht anspruchsvoll – zumal die Normenreihe ISO 27000 viele Arbeitsschritte nur inhaltlich beschreibt, aber keine Schritt-für-Schritt-

Anleitungen gibt. Insofern besteht in der Anwendung der ISO 27001 ein beträchtlicher Handlungsspielraum, den einige Anwender positiv sehen (weil alles auf die eigene Organisation anpassbar und skalierbar ist), andere dagegen als schwierig betrachten (weil die operationelle Umsetzung „unklar" bleibt).

2.5 IT-Grundschutz als Sub-Methode

Der IT-Grundschutz /ITGS/ wurde als Methode vor fast 20 Jahren vom Bundesamt für Sicherheit in der Informationstechnik (BSI) entwickelt.

Die Zielrichtung war und ist dabei, auch Nicht-Experten Mittel an die Hand zu geben, mit denen eine Sicherheitskonzeption erstellt werden kann, die für viele „normale" Anwendungsfälle als ausreichend erachtet werden kann.

Normaler Schutzbedarf

Als „normal" gelten solche Fälle, bei denen mögliche Verluste für die Organisation als begrenzt und überschaubar eingestuft werden können. Den IT-Anwendungen bzw. Geschäftsprozessen, auf die diese Bewertung zutrifft, wird ein *normaler Schutzbedarf* zugewiesen.

Diese Einstufung hat beim Grundschutz zur Folge, dass auf individuelle Risikoanalysen verzichtet wird und die erforderlichen Sicherheitsmaßnahmen im Grunde aus dem so genannten *Maßnahmenkatalog* entnommen bzw. abgeleitet werden können.

Dazu wird zunächst die IT-Landschaft der Organisation – d. h. die beim IT-Grundschutz betrachteten Objekte Infrastruktur, IT-Systeme, Netze und Anwendungen – erfasst. Dieser Schritt wird als *Strukturanalyse* bezeichnet. Auf den so ermittelten *IT-Verbund* wird als nächstes die *Modellierung* angewendet. Sie besteht darin, den *IT-Verbund* so zusammenzufassen und zu abstrahieren, dass er sich mit einigen typischen *Bausteinen*[4] aus dem Bausteinkatalog des Grundschutzes darstellen bzw. beschreiben lässt.

Ein solcher Baustein könnte z. B. *Unix-Server* heißen und in der Modellierung stellvertretend für alle Server der Organisation mit diesem Betriebssystem stehen. Ein anderes Beispiel im Bereich Infrastruktur wäre der Baustein *Server-Raum*, der als Modell für alle Server-Räume der Organisation herangezogen würde.

---

[4]   u. a. aus den Kategorien Anwendungen, Server, Clients, Netzwerkelemente, Infrastruktureinrichtungen

Was macht einen Baustein aus? Jeder Baustein beinhaltet eine Szenario-Beschreibung, eine Gefährdungsübersicht und eine Liste als notwendig erachteter Maßnahmen; letztere gilt es umzusetzen, wenn der Baustein im IT-Verbund der Organisation vorkommt.

Durchläuft man alle dem IT-Verbund der Organisation zugeordneten Bausteine, so ergibt sich insgesamt eine längere Liste von (Grundschutz-)Maßnahmen.

Diese *notwendigen* Maßnahmen sollen den *bereits vorhandenen* Maßnahmen gegenübergestellt werden, so dass verbleibende Defizite erkennbar sind. Dieser Vergleich wird als *Basis-Sicherheits-Check* bezeichnet. Hieran schließt sich die Planung der Umsetzung verbleibender Maßnahmen an.

Höherer Schutzbedarf

Sobald allerdings Schadenszenarien zu betrachten sind, deren Auswirkungen nicht mehr „begrenzt und überschaubar" sind, spricht man von *hohem* und *sehr hohem Schutzbedarf*. Bei „hoch" geht es um beträchtliche Schäden, bei „sehr hoch" um gravierende und existenzbedrohende Schäden. In diesen Fällen sind dann individuelle Risikoanalysen durchzuführen.

Man beachte, dass der Schutzbedarf beim gleichen Objekt nach den Grundzielen Vertraulichkeit, Integrität und Verfügbarkeit differenziert werden kann.

Bei den Objekten der Modellierung gibt es eine gewisse Hierarchie: Anwendungen laufen auf IT-Systemen, die in Räumlichkeiten mit einer technischen Versorgungsinfrastruktur aufgestellt sind.

Vererbung

Mit den drei Stufen des Schutzbedarfs *normal, hoch* und *sehr hoch* werden nun Vererbungsregeln festgelegt: Jedes an einer Anwendung beteiligte IT-System erbt seinen Schutzbedarf von der Anwendung. Analog erbt ein Raum (z. B. ein Server-Raum oder ein Rechenzentrum) seinen Schutzbedarf von den darin aufgestellten IT-Systemen. Vererben z. B. mehrere IT-Systeme ihren Schutzbedarf auf einen Raum, so gilt das *Maximumprinzip*, d. h. für den Raum ist der maximal vorkommende Schutzbedarf anzusetzen.

Davon abweichend kann in besonderen Fällen der vererbte Schutzbedarf per Management-Entscheidung durch *Kumulation* erhöht oder durch *Verteilung* verringert werden:

- Kumulation wird dann angewendet, wenn sich eine Ressource als derart wichtig oder zentral für eine Organisation herausstellt, dass der nach dem Maximumprinzip ermittelte Schutzbedarf als zu niedrig angesehen werden muss.

- Verteilung greift z. B. in Fällen redundant vorhandener Ressourcen, bei denen sich der vererbte Schutzbedarf praktisch auf die redundanten Elemente auf- bzw. verteilt.

Die genannten Objekte im IT-Verbund haben nach Anwendung dieser Prinzipien und Regeln einen Schutzbedarf, der maßgebend dafür ist, wie die Sicherheitsmaßnahmen abzuleiten sind – aus den Baustein- und Maßnahmenkatalogen (bei Schutzbedarf normal) oder über eine individuelle Analyse (bei höherem Schutzbedarf).

Man könnte die gleiche Systematik der Vererbung auch auf die beteiligten Netze übertragen – etwa in dem Sinne, dass die einzelnen Netzsegmente, Kopplungselemente und Übergänge den Schutzbedarf aus den Anwendungen erben, die diese Netzelemente nutzen. Beim Grundschutz ist jedoch hierfür eine andere Systematik vorgesehen: Danach wird ein Netzwerk in seine einzelnen Verbindungen zerlegt und für jede Verbindung analysiert, ob besondere Anforderungen an Vertraulichkeit, Verfügbarkeit und Integrität bestehen oder es sich um grundsätzlich kritische Verbindungen (etwa Außenverbindungen) handelt. An diesen Kriterien werden Maßnahmen (z. B. Einsatz von Kryptografie, Redundanzmaßnahmen) ausgerichtet.

Die folgende Grafik zeigt die (vereinfachte) Vorgehensweise beim IT-Grundschutz:

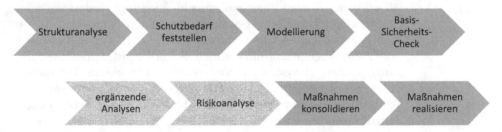

Abbildung 7:   Vorgehensmodell IT-Grundschutz

Die beiden Schritte „ergänzende Analysen" und „Risikoanalyse" kommen dann zum Tragen, wenn ein höherer Schutzbedarf gegeben ist oder die Modellierung mangels geeigneter Bausteine nicht vollständig durchgeführt werden konnte.

ISO 27000

Im Zuge der Fortentwicklung des Grundschutzes wurde in den vergangenen Jahren angestrebt, eine weitgehende Kompatibilität der Grundschutzmethode mit der ISO 27000 Normenreihe herzustellen. Nicht zuletzt vor diesem Hintergrund sind die Informationen und Beschreibungen zum Grundschutz[5] in vier so genannte *BSI-Standards* sowie in eine Reihe von Katalogen gruppiert worden.

Diese BSI-Standards beschreiben

– das Sicherheitsmanagement /BSI100-1/,

– die Grundschutzmethode /BSI100-2/, und zwar im Wesentlichen für den normalen Schutzbedarf,

– eine Vorgehensweise für individuelle Risikoanalysen /BSI100-3/ bei höherem Schutzbedarf,

– sowie das Notfallmanagement /BSI100-4/.

Die Kataloge umfassen einen Gefährdungskatalog, einen Bausteinkatalog sowie einen Maßnahmenkatalog. In letzterem findet sich insbesondere die Maßnahmengruppe *M 6 Notfallvorsorge*.

Schaut man in diese Gruppe M6, so findet man weit über 100 (ungeordnete) Einzelmaßnahmen. Dabei handelt es sich um Anforderungen an Management-Verfahren und die benötigte Dokumentation, sowie Erläuterungen zu vielen präventiven und reaktiven Einzelmaßnahmen; einen Überblick über Präventives gibt der Abschnitt 5.2 in diesem Buch, die reaktiven Maßnahmen werden im Rahmen des Kap. 9 betrachtet.

Hinsichtlich Anforderungen an das *Notfallmanagement* als Organisation bzw. Prozess sind insbesondere die Maßnahmen M6.110-6.113, 6.116, 6.118-6.120 zu nennen.

Auch wenn auf diese Weise viele Informationen zum Notfallmanagement zusammenfließen, findet man eine *geordnete, im Zusammenhang lesbare* Darstellung erst im Dokument /BSI100-4/, das sich an entsprechenden Werken aus dem angelsächsischen Raum orientiert und auch auf Methoden und Verfahren des IT-Grundschutzes Bezug nimmt. Stichwörter zum Inhalt sind:

– Prozessbeschreibungen zum Notfallmanagement (Initiierung, Beteiligung der Leitung, Konzeption und Planung, Aufbauorganisation, Tests und Übungen, Notfallbewältigung, PDCA)

---

[5]   Alle Unterlagen sind unter www.bsi.de kostenfrei verfügbar.

- Informationen über besondere Verfahren (Risikoanalyse, Business Impact Analyse, Kritikalitätsanalyse, Kontinuitätsstrategien)

- Hinweise zur Dokumentation (Notfall-Leitlinie, Sicherheits-, Notfallvorsorge-, Notfallkonzept und Notfallpläne).

2.6 Integration in ITIL

ITIL ist die Abkürzung für den durch die CCTA, heute OGC (Office of Governance Commerce) in Norwich (England), im Auftrag der britischen Regierung entwickelten Leitfaden *IT Infrastructure Library*.

Im Fokus der Entwicklung stand, gemeinsame *Best Practices* für alle Rechenzentren der englischen Regierung zu definieren, um einen vergleichbaren Betrieb sicherzustellen. Daraus entwickelte sich ein weltweiter de-facto-Standard im Bereich *Service Management*. ITIL beinhaltet eine umfassende und öffentlich verfügbare fachbezogene Dokumentation zur Planung, Erbringung und Unterstützung von IT-Serviceleistungen.

Zu Beginn war ITIL eine Serie von mehr als 40 Büchern über IT Service Management und bestand aus 26 Modulen. Diese erste große Sammlung von Dokumenten wird auch als ITIL 1.0 bezeichnet.

Im Zuge der ständigen Verbesserung und der Anpassung an die aktuellen Situationen im IT-Umfeld wurden zwischen den Jahren 2000 und 2004 die Inhalte von ITIL 1.0 modernisiert und in acht wesentlichen Büchern unter der Bezeichnung ITIL 2.0 zusammengefasst.

Im Frühsommer 2007 erschien mit einer neuen Struktur die ITIL Version 3.0 /ITIL/. Diese Struktur besteht aus drei wesentlichen Bereichen:

- ITIL Core (Kernpublikationen)

- ITIL Complementary Guidance (Ergänzungen)

- ITIL Web Support Services

Die Kernpublikationen *ITIL Core* bilden einen Satz von fünf Büchern, die ein Modell für den Lebenszyklus von Service-Strategie, Service Design bis zur kontinuierlichen Service-Verbesserung abbilden. Die hierin enthaltenen Bücher beinhalten die folgenden Titel und Themen:

- Service Strategy

    –   Service Design (Modelle für den Betrieb)

    –   Service Transition (Service-Implementierung bzw. deren Einführung)

    –   Service Operation (operativer Betrieb von Services)

    –   Continual Service Improvement (kontinuierliche Verbesserung von Services)

Für die weiteren Ausführungen zur Integration der Notfallplanung in die ITIL-Prozesse konzentrieren wir uns im Wesentlichen auf die ITIL-Themen *Service Transition, Service Design* und *Service Operation.* In den dazugehörigen ITIL-Büchern werden die folgenden Prozesse behandelt:

–   Change Management

–   Configuration Management

–   Service Level Management

–   Service Delivery Management

–   Problem Management

Zu diesen Prozessen existieren bidirektionale Schnittstellen zum Notfallmanagement.

Auch findet sich in dem ITIL-Buch *Service Design* eine Beschreibung des Prozesses *IT Service Continuity Management*, den wir uns zum Schluss dieses Kapitels näher anschauen werden.

Change Management

Schnittstelle   **Change Management → Notfallmanagement**

Bei Changes, die inhaltliche Änderungen der Beschreibung eines Services hinsichtlich der Restrisiken, prophylaktischen Maßnahmen, Notfallpläne, Checklisten oder dessen Start-Up-Priorität zur Folge haben, ist die Service-Beschreibung an die Notfallvorsorge und das Notfallmanagement anzupassen bzw. zu überprüfen, ob die Anpassung erfolgt ist.

Schnittstelle   **Notfallmanagement → Change Management**

Änderungen, die aufgrund der aus der Risikoanalyse entstandenen Maßnahmenliste umgesetzt werden, sind – neben der Abstimmung mit dem Kunden durch Prozesse des Service Delivery Management – durch das Change Management zu autorisieren.

Tritt ein Notfall ein, werden häufig bei zeitkritischen Prozessen Übergangslösungen für einen Notbetrieb eingerichtet, die Änderungen an der betroffenen Infrastruktur zur Folge haben. Diese Änderungen lösen formale Change-Prozesse mit Autorisierung, Information, Tests, Verifikation, etc. aus.

Die Rückkehr von diesen Übergangslösungen in den Normalbetrieb ist wiederum über die Standardverfahren des Change Management zu realisieren.

Configuration Management

Schnittstelle
Configuration Management → Notfallmanagement

Die Prozesse des Configuration Management von Services stellen für das Notfallmanagement folgende aktuelle Informationen zur Verfügung:

–   Service Name

–   Service Owner

–   Start-Up-Priorität

–   Referenz zur Service-Beschreibung

–   Konfigurationen

–   Austausch- und Lagerinformationen

–   Release- und Patch-Informationen

–   Referenz zur Service-Beschreibung, etc.

Die Aktualität dieser Informationen ist für einen möglichst verzögerungsfreien Ablauf des Notfallmanagements unbedingt notwendig.

Schnittstelle
Notfallmanagement → Configuration Management

Informationen, die aufgrund der Notfallvorsorge und der Notfallplanung Änderungen unterworfen sind, müssen im Datenbestand des Configuration Managements entsprechend gepflegt werden. Dazu gehören Informationen wie:

–   Konfigurationsänderungen

–   Installationshinweise

–   Zuständiges Personal

–   Änderungen der Service-Beschreibung etc.

Service Level Management

Schnittstelle   **Service Level Management → Notfallmanagement**

Das Service Level Management liefert Informationen über existierende und geplante Services, die relevant für den Notfall sind.

Besonders wichtig sind hier Änderungen, bei denen mit Kunden weitergehende Services als bisher vereinbart wurden oder sich die Servicequalität eines bereits bestehenden Services, zum Beispiel in punkto Verfügbarkeit, geändert hat.

Schnittstelle   **Notfallmanagement → Service Level Management**

Das Notfallmanagement liefert die Informationen über den Status der Notfallabsicherung einzelner Services und über den Zeitraum, der zur Wiederherstellung von Services im Notfall notwendig ist. Das Service Level Management ist damit in der Lage, die Erbringung der Services unter bestimmten Vorgaben für die zeitliche Einhaltung von Rahmenbedingungen im Notfall wirtschaftlich zu bewerten.

Service Delivery Management

Schnittstelle   **Service Delivery Management → Notfallmanagement**

Hier erfolgt die Aufnahme von Kundenanforderungen in das Notfallmanagement. Diese Anforderungen fließen in die Rahmenbedingungen für die Notfallvorsorge und die Notfallplanung ein und sind Vorgaben für die Zeitbedingungen (z. B. Reaktionszeit, Wiederanlaufzeit) und weiterer Parameter des Notfallmanagements. Auch kann hier das Angebot eines Services aufgrund der nicht wirtschaftlich erfüllbaren Anforderungen des Kunden eventuell nicht weiter bestehen bleiben.

Schnittstelle   **Notfallmanagement → Service Delivery Management**

Das Notfallmanagement stellt Informationen über geplante Änderungen als Folge der Risikoanalyse bereit, die mit dem Kunden abgestimmt werden müssen.

Weiter liefert das Notfallmanagement Informationen über geplante Tests und Übungen, die ebenfalls mit dem Kunden vor der Ausführung abzustimmen sind.

Problem Management

Schnittstelle **Problem Management → Notfallmanagement**

Bei Auftreten einer möglichen Krisensituation trifft das CIT (Crisis Intervention Team) die Entscheidung, ob ein Desaster-Fall vorliegt, bzw. führt die Schadenanalyse durch und informiert gegebenenfalls die Unternehmensleitung gemäß der vorgegebenen Eskalationsprozedur.

Schnittstelle **Notfallmanagement → Problem Management**

Nach der Klassifizierung eines Problems durch das Crisis Intervention Team als „gravierender Fehler" übergibt das Notfallmanagement die weiteren Aktivitäten zur Bearbeitung an das Problem Management.

IT Service Continuity Management

Wegen der strategischen Abhängigkeit vieler Unternehmen von den unterstützenden IT Services wurde in dem ITIL-Buch *Service Design* ein entsprechendes Modul mit dem Titel *IT Service Continuity Management* aufgenommen. Es hat im Wesentlichen zum Inhalt, wie sich Unternehmen auf Situationen vorbereiten, in denen IT Services massiv gestört sind und womöglich für längere Zeit ausfallen. Ein modernes IT Service Continuity Management legt das Hauptgewicht auf Prävention. Hierzu werden in enger Abstimmung mit den Geschäftsprozessen vorbeugende Maßnahmen getroffen, um die Wahrscheinlichkeit und das Schadenausmaß von Ausfällen zu reduzieren. Diese helfen im Katastrophenfall, die IT-Infrastrukturen in der erforderlichen Zeit wiederherzustellen und den Service unter diesen Bedingungen auch aufrecht zu erhalten.

IT Service Continuity Management fokussiert sich auf Eventualsituationen, welche die Geschäftstätigkeit so erheblich beeinflusst, dass sie für das Unternehmen zum Desaster oder zur Katastrophe werden könnten. Weniger bedeutsame Vorfälle werden innerhalb des Incident Managements als *Störungen* behandelt. Was als *Desaster* definiert wird, ist von den Geschäftstätigkeiten abhängig. Die Auswirkungen des Ausfalles eines Geschäftsprozesses wie beispielsweise Umsatzeinbußen oder Schadensersatzforderungen, müssen im Rahmen einer *Business Impact Analysis* in Abhängigkeit der Ausfallzeit ermittelt werden. Auf Basis der bekannten Schwachstellen werden die möglichen Bedrohungen identifiziert und das Risiko analysiert. IT Service

Continuity Management umfasst primär die IT-Strukturen und Konfigurationen, welche diese Geschäftsprozesse unterstützen. Im Desasterfall stellt das IT Service Continuity Management die gemäß der abgestimmten Business Continuity-Strategie präventiv definierten Maßnahmen und Stand-by-Lösungen in der geforderten Zeit zur Verfügung.

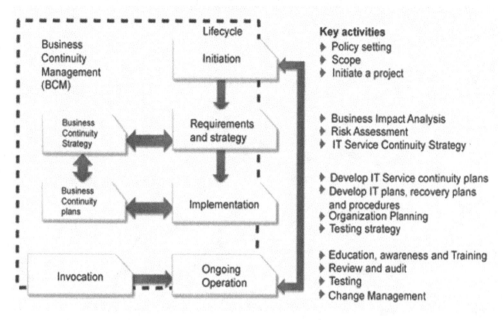

Abbildung 8:   IT Service Continuity Management nach ITIL[6]

---

6   Quelle: www.itil.org/de/vomkennen/itil/servicedesign/

3 Notfallorganisation

Die Ausgestaltung der Notfallorganisation und die Benennung von Rollen hängt davon ab, nach welchem „Denkmodell" man vorgeht. Wer in seiner Organisation ITIL (s. Abschnitt 2.6) implementiert hat, wird vermutlich anders strukturieren als jemand, der ISO 27001 (s. Abschnitte 2.3 und 2.4) oder IT-Grundschutz (s. Abschnitt 2.5) im Blick hat. Insofern sind die folgenden Ausführungen eher generischer Natur, d. h. man sollte beispielsweise nicht an den Rollennamen kleben, sondern eher darauf schauen, wo die entsprechenden Aufgaben in der eigenen Organisation bereits angesiedelt oder noch einzurichten sind.

3.1 Leitung

Zunächst ist festzustellen, dass die Mitwirkung der Leitung der Organisation beim Notfallmanagement unverzichtbar ist. Dies ergibt sich zwingend aus der Überlegung, dass jeder Notfall einen gravierenden, ggf. existenzbedrohenden Schaden verursachen kann. Solche Schäden müssen Chefsache sein. Ein Notfallmanagement ohne Beteiligung der Leitungsebene aufzubauen ist von vornherein zum Scheitern verurteilt!

Organisation

Eine typische Aufgabe der Leitungsebene ist die Genehmigung einer bestimmten Organisationsstruktur – mit der Festlegung von Rollen bzw. Verantwortlichkeiten und deren personeller Besetzung. Dies trifft hier insbesondere für die Einheit *Notfallmanagement* zu. Im einfachsten Fall wird hier ein Notfallverantwortlicher oder ein Notfallbeauftragter ernannt. In größeren Organisationen kann es sich um eine eigene Einheit handeln, der der *Notfallbeauftragte* vorsteht.

In Organisationen, die primär in Prozessen denken, wird es zwangsläufig einen Prozess *Notfallmanagement* geben (mit gewissen Unterteilungen). Die folgende Frage stellt sich wie bei jedem Prozess: Wer ist der Eigentümer dieses Prozesses?

In der Praxis sind hier vor allem zwei Varianten zu sehen: die Leitung selbst oder das Notfallmanagement bzw. der Notfallbeauftragte.

Berichtswesen	Die Leitung wird eine Berichterstattung des Notfallmanagements über den Stand konzeptioneller Arbeiten, eingetretene Notfälle, Verbesserungsvorschläge etc. fordern.
Management-Bewertung	An die Berichterstattung des Notfallmanagements könnte man dem PDCA-Modell folgend eine *Management-Bewertung* anschließen, mit der die Leitung in regelmäßigem Abstand die Lage des Notfallmanagements bewertet und ggf. Anpassungen verlangt. Dies würde dann auch schon unter den Gesichtspunkt der Kontrolle des Notfallmanagements fallen – eine absolut notwendige Aktivität.

Was gibt es noch?

Notfall-Leitlinie	Ähnlich wie beim Sicherheitsmanagement ist das Genehmigen und Inkraftsetzen einer Notfall-Leitlinie eine wichtige Aufgabe der Leitung. Diesen Freigabeprozess sollte man auch auf die noch zu behandelnde Business Impact Analysis (BIA), das Notfallvorsorgekonzept und das Notfallkonzept ausdehnen. In den letzten beiden Dokumenten wird eine Einschätzung enthalten sein, welche Restrisiken nach der Prävention und auch bei der Notfallbewältigung noch verbleiben. Diese Restrisikoeinschätzung muss der Leitung verdeutlicht werden. Möglichkeit 1 ist, dass die Leitung das Restrisiko akzeptiert. Möglichkeit 2 lautet, es wird ein Auftrag erteilt, nachzubessern und die Restrisiken zu reduzieren (dazu ist ggf. auch ein höherer Mitteleinsatz erforderlich).

3.2 Notfallmanagement

Was sind die Aufgaben des Notfallmanagements?

Man kann diese Rolle gut mit der des Sicherheitsmanagements vergleichen. Aus der folgenden Gegenüberstellung erkennt man die Parallelen.

Tabelle 1: Notfall- vs. Sicherheitsmanagement

Notfallmanagement	Sicherheitsmanagement
Business Impact Analysis für die Kernprozesse	Risikoanalyse und -bewertung für alle Prozesse / die genutzte IT
Notfall-Leitlinie	Sicherheitsleitlinie
Notfallvorsorgekonzept	Sicherheitskonzept

Notfallmanagement	Sicherheitsmanagement
Notfallkonzept/ Notfall-handbücher	Konzept des Incident Managements
Sensibilisierung / Schulung / Notfallübungen	Sensibilisierung / Schulung / Training
Berichterstattung	Berichterstattung

BIA An die Stelle der Risikoanalyse und -bewertung tritt hier die Business Impact Analysis (s. Kap. 4), für die das Notfallmanagement ein Schema festlegen muss. Sodann ist die BIA durchzuführen, in der Organisation abzustimmen und der Leitung zur Genehmigung vorzulegen, d. h. das Notfallmanagement *steuert* die BIA. Dass eine erstellte BIA in regelmäßigen Abständen zu überprüfen und ggf. zu aktualisieren ist, versteht sich von selbst.

Notfall-Leitlinie Ein ähnlicher Prozess ist auch für die Notfall-Leitlinie anzuwenden, in der die Ausrichtung, die Organisationsform, die wesentlichen Grundätze und Regeln für das Notfallmanagement dargestellt und in der Organisation bekannt gegeben werden. Das Pendant zur Notfall-Leitlinie ist die Sicherheitsleitlinie.

Notfall-vorsorgekonzept Eine Facette des Notfallmanagements ist die *Prävention*, d. h. die Konzeption und Umsetzung von Maßnahmen[7], die Notfälle verhindern, ihre Eintrittswahrscheinlichkeit oder die potenzielle Schadenhöhe reduzieren sollen. Die entsprechenden Analysen und Maßnahmen sollen im *Notfallvorsorgekonzept* enthalten sein.

Für das Sicherheitsmanagement gilt, dass die Maßnahmen zur Notfallvorsorge (bei ganzheitlicher Betrachtung) schon im Sicherheitskonzept enthalten sein müssten (sofern ein solches existiert).

Notfallkonzept Das Verfahren, wie eingetretene Notfälle behandelt bzw. bewältigt werden, wird meist in einem separaten *Notfallkonzept* dargestellt – mit ergänzenden Notfallhandbüchern sowie ggf. Notfall- und Wiederanlaufplänen.

Notfallübungen Das Notfallmanagement sollte weiterhin Sensibilisierungs- und Schulungsmaßnahmen sowie *Notfallübungen* planen und deren Ergebnisse auswerten.

---

[7] juristischer, organisatorischer, personeller, infrastruktureller oder technischer Art

Berichte

Die Auswertung solcher Übungen ist ein unverzichtbares Erfordernis. Hier gilt es zudem, (zumindest) gegenüber der Leitung zu berichten.

Solche *Berichte* wird es regelmäßig auch zum Thema „Lage des Notfallmanagements" geben müssen – erst recht anlassbezogen bei eingetretenen Notfällen.

Überprüfung

Alle präventiven und reaktiven Maßnahmen des Notfallmanagements sind von Zeit zu Zeit dahingehend zu *überprüfen*, ob sie den Vorgaben entsprechen und korrekt angewendet werden. Dies betrifft z. B. auch Bereitstellung adäquater Ressourcen für einzelne Mitarbeiter und Teams, die Notfälle zu bewältigen haben.

Dokumentenlenkung

Die Betreuung (im Sinne von Erstellung, Abstimmung, Genehmigung, Freigabe, Überarbeitung) der Dokumentation ist eine weitere Aufgabe des Notfallmanagements. Hierzu zählen die bereits aufgeführten Dokumente Notfall-Leitlinie, Notfallvorsorgekonzept, BIA – aber auch die Notfallinformationen für die Mitarbeiter, das Notfallkonzept, die Notfallhandbücher und dazu gehörende Notfall- und Wiederanlaufpläne.

Spätestens jetzt kommt die Frage auf, wo man das Notfallmanagement organisatorisch ansiedelt. Die Praxis zeigt, dass es hier sehr unterschiedliche Ansätze gibt.

Notfallmanagement als eigene Rolle (Notfallverantwortlicher, Notfallbeauftragter) oder als eigene Einheit (Notfallmanagement, Notfallstab) zu betrachten und von anderen Verantwortlichkeiten zu trennen ist *eine* (gute) Lösung.

Dort, wo es ein Sicherheitsmanagement – etwa im Sinne von ISO 27001 oder IT-Grundschutz – gibt, findet man auch die Vorgehensweise, Sicherheitsmanagement als Oberbegriff zu sehen und das Notfallmanagement bzw. das Business Continuity Management (BCM) als Aufgabe, aber ggf. auch in der personellen Besetzung der Sicherheit unterzuordnen.

Hier muss man genau hinschauen, ob das eine durchgängige Lösung sein kann, weil ja Notfälle nicht zwangsläufig aus Sicherheitsproblemen entstehen müssen, andererseits viele operative Probleme, auch personelle Engpässe zu Notfällen führen können und vielleicht nicht unmittelbar unter das Sicherheitsthema fallen.

Aus der Theorie her ist es eher umgekehrt: Das Sicherheitsmanagement trägt hauptsächlich Verantwortung für die *präventive*

Seite der Informationsverarbeitung, d. h. seine Domäne ist die Erkennung und Reduktion von Risiken. Das ist aus Sicht des Notfallmanagements *eine* Seite der Medaille – die andere ist die *Notfallbewältigung*. Es spräche also eher etwas dafür, das Notfallmanagement dem Sicherheitsmanagement überzuordnen.

Man erkennt aber schon, dass es hier nicht die einzig wahre Lösung gibt.

Berichtsweg Es sollte aber der Grundsatz beachtet werden, dass das Notfallmanagement – wo immer es organisatorisch aufgehängt ist – über einen eigenen, direkten Berichtsweg zur Leitung verfügt.

3.3 Krisenstab, CIT

Damit kommen wir zu der zentralen Rolle für die *operative* Notfallbewältigung: Der Krisenstab – auch Crisis Intervention Team (CIT) genannt – ist eine *temporäre Aufbauorganisation* zur Bewältigung eines Notfalls.

Der Krisenstab plant, veranlasst, koordiniert und überwacht alle Aktivitäten zur konkreten Bewältigung eines eingetretenen Notfalls. Nach der Behebung und De-Eskalierung des Notfalls löst sich der Krisenstab wieder auf. Die Einzelheiten zu Organisation und Abläufen beim Krisenstab finden Sie in Kapitel 7.

Generell ist es erforderlich, dass der Krisenstab

– über alle relevanten Informationen für seine Entscheidungen,

– vom Notfall nicht betroffene Kommunikationseinrichtungen und

– entsprechende (erreichbare) Notfallteams verfügt.

Es kann bei der Notfallbewältigung notwendig werden, andere Zuständigkeiten und bestimmte Regeln (für den Normalfall) zu brechen, um möglichst schnell den Notfall beseitigen zu können.

Die Tätigkeit des Krisenstabs sollte von Zeit zu Zeit ebenfalls Gegenstand von Notfallübungen sein. Es beginnt schon bei der Frage, ob alle Mitglieder des Krisenstabs in einer Notfallsituation das Krisenzentrum finden!

3.4 Notfallteams

Der Krisenstab wird in aller Regel *Notfallteams* damit beauftragen, einzelne Schritte bei der Notfallbewältigung durchzuführen. Dabei kann es sich z. B. um einfache Reparaturen, kompletten

Systemtausch, den Wiederanlauf von einzelnen Systemen und ganzer Anwendung handeln.

Im Notfallkonzept und den Notfallhandbüchern sind in der Regel bestimmte Notfallszenarien vorgedacht bzw. geplant worden – mit der Folge, dass auch schon festgelegt wurde, welche Teams im Bedarfsfall einzusetzen sind. D. h. die Einrichtung bestimmter Notfallteams ist bereits erfolgt, ihre Zusammensetzung festgelegt.

Beispiele könnten hierzu sein: Teams für die Wiederherstellung bestimmter Server-Typen oder die Umschaltung auf Systeme, die in einer Standby-Lösung betrieben werden.

Bei Notfällen, die nicht „vorausgeplant" wurden, wird man bei Eintritt eines solchen Falles ad hoc Teams zusammenstellen.

In beiden Fällen ist es denkbar, dass der Notfall nicht mit eigenen Mitteln der Organisation bewältigt werden kann. Das kann an fehlenden Informationen, Qualifikationen oder technischen Mitteln, ggf. an fehlenden Personalkapazitäten liegen.

In solchen Fällen wird man auf externe Spezialisten, entsprechende Dienstleister oder auch die Lieferanten bestimmter technischer Systeme zurückgreifen wollen – bei der zeitkritischen Notfallbewältigung wäre es eine gute Idee, vorab entsprechende vertragliche Vereinbarung für solche Fälle geschlossen zu haben.

3.5 Weitere Rollen

*Sicherheits-
management*

Über das *Sicherheitsmanagement* haben wir schon einige Informationen zusammengetragen und wollen deshalb die Aufgaben nur stichwortartig zusammenfassen:

– Mitwirkung bei der Sicherheitsleitlinie

– Erstellung und Pflege des Sicherheitskonzeptes

– Planung von / Mitwirkung bei Awareness-Maßnahmen

– Überprüfung der Sicherheit

– Anpassen und Verbessern der Sicherheit

Im Zusammenhang mit dem Notfallmanagement ist zu ergänzen:

– Mittragen der Business Impact Analysis

– Mitwirken beim Notfallmanagement

Asset Management	Eine Teilaufgabe beim Sicherheitskonzept ist die Erfassung der *Informationswerte*[8] (information assets), die in der Folge Gegenstand der Risikoanalyse und -bewertung sind. In größeren Organisation findet man hierzu häufig eine eigene Organisationeinheit – das *Asset Management*. Die Kernaufgabe besteht darin, das Verzeichnis der Assets und die entsprechenden Risikobewertungen zu erstellen und aktuell zu erhalten. Vor diesem Hintergrund wäre zu fordern, dass diese Einheit z. B. bei der Business Impact Analysis zu beteiligen ist.
Abteilungen	Die *Abteilungen* der Organisation sind Träger der Geschäftsprozesse oder wirken zumindest an diesen mit. Sie sind deshalb an der Risikoanalyse und -bewertung sowie an der Business Impact Analysis zu beteiligen und müssen die Ergebnisse mittragen. Das Erfordernis der Mitwirkung – ggf. unter Einsatz von Notfallkoordinatoren – gilt natürlich auch für die Erstellung der Notfall-Leitlinie, der Notfallkonzeption, bei Schulungs- und Trainingsmaßnahmen und bei der Notfallbewältigung. Bei letzterem geht es vor allem um Personal, das bei den Notfallteams eingesetzt wird.
IRT	*Incident Response Teams* (IRT) werden eingesetzt, um eingetretene Incidents zu bearbeiten; dabei muss es sich nicht um Notfälle handeln, es kann auch um einfache Störungen oder Sicherheitsvorfälle gehen. Wir werden im Zusammenhang mit dem Incident Management in Abschnitt 7.1 weitere Details behandeln.

3.6 Ressourcen und Kosten

Nicht vergessen darf man, dass das Notfallmanagement – in welcher Organisationsform auch immer – nicht zum Nulltarif funktioniert, sondern Ressourcen benötigt.

Personal Dies betrifft zunächst *personelle* Ressourcen: Ein Notfallverantwortlicher ist zu benennen; die Komplexität des Themas in der konkreten Organisation bestimmt, ob der Rolleninhaber von anderen Aufgaben entlastet sein muss. Eigentlich sollte es keiner Erwähnung bedürfen, dass eine qualifizierte Vertretung bei Krankheits- und Urlaubszeiten aufzubauen ist.

Ist ein solcher 2-Personen-Ansatz ausreichend?

Möglicherweise hilft die Vorgehensweise weiter, ein Koordinierungsgremium einzurichten, in dem neben den Notfallbeauftragten noch Vertreter der vom Notfallmanagement betroffenen Ab-

---

[8] Beim IT-Grundschutz heißt dieser Schritt „Strukturanalyse".

teilungen der Organisation vertreten sind. Man spricht hier auch von *Notfallkoordinatoren*, die sozusagen an der Schnittstelle zwischen Notfallmanagement und Fachabteilung angesiedelt sind.

Spinnt man diese Idee weiter, fällt einem schnell ein, dass z. B. der Sicherheitsbeauftragte (sofern existent), vielleicht der Datenschutzbeauftragte (abhängig von der Art der Geschäftsprozesse), der Personal- oder Betriebsrat in diesem Gremium vertreten sein könnte – einfach deshalb, weil bei der Notfallprävention und Notfallbewältigung die Belange der genannten Funktionen betroffen sein könnten.

Mit diesem Ansatz käme man – was die personellen Ressourcen anbetrifft – schon ein Stück weiter. Ob das ausreichend ist oder die Notfallorganisation personell stärker ausgebaut sein müsste, kann nicht allgemein beantwortet werden, sondern hängt von den Gegebenheiten der konkreten Organisation ab.

Infrastruktur

Die Bewältigung eines Notfalls läuft oft so ab, dass sich der Krisenstab an einem besonderen Besprechungsort (Krisenzentrum) trifft und dort alle weiteren Schritte festlegt. An diesem Besprechungsort muss eine möglichst ausfallsichere IT- und Kommunikationsinfrastruktur vorhanden sein und Zugang zu allen benötigten Informationen ermöglichen.

Hilfsmittel

Notfall- und Spezialistenteams benötigen weiterhin Hilfsmittel und Werkzeuge, um bei konkreten Notfällen qualifiziert arbeiten zu können.

Training

Letztlich sollte auch der Aufwand berücksichtigt werden, um Sensibilisierungs-, Schulungs- und Trainingsmaßnahmen (auch: Notfallübungen) regelmäßig durchführen zu können.

Expertisen

Nicht zuletzt benötigt das Notfallmanagement Arbeitsmittel und Ressourcen, um Analysen durchführen und ggf. Expertisen beauftragen zu können.

Als Fazit ist festzuhalten, dass das Notfallmanagement der Unternehmensvorsorge dient, aber auch ein nicht zu unterschätzendes Investment verlangt.

4 Durchführung der Business Impact Analysis

Eine Business Impact Analysis (BIA) wird zunächst durchgeführt, um die für die Organisation wesentlichen *Kernprozesse* zu erkennen, ihre *Kritikalität* zu bewerten und eine geeignete *Kontinuitätsstrategie* zu entwickeln. Wir werden die genannten Begriffe im Folgenden erläutern.

Die BIA hat als weitere Ziele, alle kritischen *Ressourcen* in der Prozesslandschaft zu identifizieren, ihre Kritikalität zu ermitteln und auch hier eine geeignete Kontinuitätsstrategie zu entwickeln.

Die Analysen sind in eine Reihe von Schritten unterteilt, die wir jetzt besprechen wollen.

4.1 Übersicht über Geschäftsprozesse

Wir gehen aus von der Sichtweise einer Organisation als *Prozesslandschaft*, bestehend aus (miteinander verzahnten) einzelnen Geschäftsprozessen.

In aller Regel lassen sich die zu betrachtenden Prozesse aus der Geschäftstätigkeit ableiten – bei Behörden z. B. aus ihrem gesetzlichen Auftrag, bei Unternehmen aus dem Geschäftszweck.

Eine Organisation sollte Prozesse zunächst danach unterscheiden, ob sie

– direkt zum gesetzlichen Auftrag bzw. zum Umsatz beitragen oder

– eher *unterstützende Prozesse* oder allgemeine Management-Prozesse

darstellen. Zu letzteren sind z. B. auch das Qualitätsmanagement und das Sicherheitsmanagement zu zählen.

Wenn man die Prozessausgestaltung noch beeinflussen kann, wäre es gut, *Prozessabhängigkeiten* zu mindern bzw. Prozesse so zuzuschneiden, dass sie möglichst isoliert sind – der Vorteil besteht darin, in den nachfolgenden Analysen eine einfachere Struktur zu haben und nicht komplexe Abhängigkeiten betrachten zu müssen. Gleichzeitig reduziert eine solche Vorgehensweise auch das Problem der Verkettung von Risiken.

Jeder Prozess sollte einen *Prozessverantwortlichen*[9] besitzen, der die Management-Verantwortung dafür trägt, dass der betreffende Prozess umfassend geplant, korrekt umgesetzt und ausgeführt wird. Letzteres deutet auch schon die Notwendigkeit von Prüfungen und Überwachungen an.

Es ist sehr hilfreich, zu jedem identifizierten Geschäftsprozess eine Prozess- bzw. *Verfahrensbeschreibung* zu haben, in denen die beteiligten Rollen, die Abläufe, Prozessabhängigkeiten, verwendete / benötigte Ressourcen, vorhandene Sicherheitsvorkehrungen etc. beschrieben sind.

Prozessübersicht   Fassen wir zusammen: Als Vorarbeit benötigen wir eine Übersicht über die Prozesslandschaft, d. h. eine Liste der Geschäftsprozesse der Organisation mit Angabe von Prozessverantwortlichen und Verweisen auf ggf. vorhandene Prozessbeschreibungen.

Dieser Arbeitsschritt kann durchaus Aufwand bedeuten – vor allem dann, wenn die Sichtweise der Geschäftstätigkeit als Prozesse bisher noch nicht gegeben ist oder keine Verfahrensbeschreibungen vorliegen.

Im Grunde ist diese Vorarbeit auch keine typische Aufgabe der Notfallverantwortlichen – deshalb sollte man eruieren, ob entsprechende Überlegungen nicht schon an anderer Stelle der Organisation (schriftlich) vorliegen und weiterverwendet werden können.

Kernprozesse   Notfälle sind stets Situationen, die gravierende oder sogar existenzbedrohende Schäden für die Organisation zur Folge haben. Wir treffen insofern eine erste Unterscheidung und verbannen alle Geschäftsprozesse aus unserer Prozessübersicht, für die keine Notfälle denkbar sind – weil z. B. ihre Bedeutung für das Unternehmen gering, der Beitrag zum Umsatz vernachlässigbar ist, keine Auswirkung auf Image und Kreditwürdigkeit der Organisation befürchtet werden, etc.

Die verbleibenden Geschäftsprozesse bezeichnen wir als *Kernprozesse* der Organisation. In unserer Prozessübersicht markieren wir diese entsprechend.

MTPD   Weiterhin kann es Vorgaben der Art geben, dass ein bestimmter Prozess eine maximale Unterbrechungs- bzw. Ausfallzeit haben darf. Solche Vorgaben können aus gesetzlichen Anforderungen,

---

[9]   manchmal auch Prozesseigentümer oder -eigner genannt

aus Kundenanforderungen (Einhaltung von Verträgen) oder aus eigenen Richtlinien der Organisation stammen.

Diese maximale Zeit wird auch als MTPD = *Maximum Tolerable Period of Disruption* (maximal zulässige Unterbrechungszeit) des betrachteten Geschäftsprozesses bezeichnet. Es ist klar, dass diese Zeitspanne bei allen betrachteten Schadenereignissen nicht überschritten werden darf, d. h. alle Aktivitäten zum Wiederanlauf eines Prozesses müssen innerhalb des Zeitfensters der MTPD erfolgreich abgeschlossen werden.

Sofern eine solche MTPD vorhanden ist, tragen wir sie in die Prozessübersicht ein. Eine solche Prozessübersicht könnte beispielsweise so aussehen:

Tabelle 2:   BIA-Vorbereitung – Prozessliste

Geschäftsprozess	Gegenstand	Eigentümer	Verfahrensbeschreibung	Kernprozess	MTPD
Benennung	Stichwörter	Org-Einheit	Dokument	ja, nein	
Internet Shop	Bestellvorgänge	IT 4	ABC.doc	ja	4 h
SAP	Buchhaltung	FCO	DEF.doc	ja	24 h
DMS	Dokumenten-Archivierung	IT6	GHI.doc	nein	-
Personalverwaltung	Stammdaten, Gehälter, etc.	HR	JKL.doc	ja	-
...	...	...	...	...	

Wir wollen gleich anmerken, dass es für die MTPD noch weitere Einschränkungen geben kann, die sich erst im Verlauf der Schadenanalyse ergeben.

4.2 Schadenanalyse kritischer Geschäftsprozesse

Bei unserer nächsten Einteilung geht es darum, ob Geschäftsprozesse zeitkritisch oder nicht zeitkritisch sind: Können durch Unterbrechungen oder größere Verzögerungen bei einem Geschäftsprozess Schäden für die Organisation verursacht werden, bezeichnen wir den Prozess als (zeit)*kritisch*[10].

---

[10] Die Vorsilbe „zeit-" lassen wir zukünftig weg, wenn keine Missverständnisse zu befürchten sind.

Darunter fallen hoch umsatzwirksame Geschäftsprozesse, bei den zugehörige IT-Anwendungen z. B. aufgrund des Ausfalls von Versorgungen, IT-Systemen und Netzwerk – aber auch z. B. wegen vorhandener Softwarefehler – nicht unterbrechungsfrei oder nur mit großen Verzögerungen weiterlaufen können.

Es kann durchaus Prozesse geben, die nicht zwangsläufig *kritisch* sein müssen. Beispiele: Prozess der Kundenberatung, Forschungs- und Entwicklungsprozesse, etc.[11]

Für uns wesentlich sind natürlich *kritische Kernprozesse*, d. h. für die Organisation zentrale (wichtige, umsatzwirksame,...) Prozesse, bei denen Ausfälle oder unzulässige Verzögerungen zu signifikanten Schäden führen können.

Risikoanalyse

Um diese Auswahl treffen zu können, benötigen wir für unsere Geschäftsprozesse zunächst eine Analyse und Bewertung der *Risiken*. Risiken sind potenzielle Ereignisse mit einer negativen Konsequenz für die Organisation. Die Größe bzw. Höhe eines Risikos wird in der Regel als Kombination (z. B. Produkt) aus Eintrittshäufigkeit und Schadenhöhe für das betreffende Ereignis bestimmt.

In der *Risikoanalyse* identifiziert man solche potenziellen Risiken und schätzt sie ihrer Höhe nach ab. Ob ein Risiko tatsächlich eintritt, hängt natürlich auch davon ab, ob Schwachstellen vorhanden sind.

Bei der *Risikobewertung* werden die Auswirkungen der identifizierten Risiken auf die Organisation klassifiziert.

Die Durchführung einer Risikoanalyse und -bewertung ist eine Aufgabe des Sicherheitsmanagements und findet Eingang in das *Sicherheitskonzept*. Wir haben dazu in den Abschnitten 2.4 und 2.5 Hinweise gegeben. Nähere Informationen finden Sie auch im Abschnitt 6.4. Wir wollen deshalb auf diesen Schritt hier nicht weiter eingehen.

Im Ergebnis wird es eine Liste bzw. Tabelle von Risiken geben, aus denen man Eintrittshäufigkeit und Schadenhöhe je Ereignis entnehmen kann – zumindest geschätzt oder nach Klassen bewertet.

Darunter werden auch solche Risiken sein, die

---

[11] Diese Beispiele sind nicht immer und in allen Kontexten zutreffend.

- die nicht tolerable Ausfall- bzw. Verzögerungsszenarien darstellen,
- über geringfügige Schäden hinausgehen oder
- Kernprozesse betreffen.

Nur diese Risiken betrachten wir weiter und ordnen sie den einzelnen Geschäftsprozessen zu. D. h. bei jedem Risiko ermitteln wir, für welchen Kernprozess dieses Risiko anzusetzen ist, und tragen es in der folgenden (Beispiel-) Tabelle ein.

Man erkennt, dass R8 und R16 in der Tabelle Risiken darstellen, die bei zwei verschiedenen Prozessen eingetragen sind. Dieser Fall tritt in der Praxis sehr häufig auf, z. B. wenn es um den Ausfall von Versorgungen (etwa Stromausfall) geht, der im Grunde alle IT-Anwendungen in Mitleidenschaft ziehen kann.

Tabelle 3:   BIA-Vorbereitung – Risikozuordnung

Geschäfts-prozess	Gegenstand / Risiken	Verantwortlich	Verfahrens-beschreibung	Kern-prozess	MTPD
Benennung	**Stichwörter**	**Org-Einheit**	**Dokument**	**ja, nein**	
Internet Shop (GP1)	Bestellvorgänge	IT 4	ABC.doc	ja	4 h
	R2				
	R8				
	R16				
SAP (GP2)	Buchhaltung	FCO	DEF.doc	ja	24 h
	R4				
	R8				
	R22				
	R27				
Personal-verwaltung (GP3)	Stammdaten, Gehälter, etc.	HR	JKL.doc	ja	-
	R1				
	R3				
	R16				

Um welche Risiken es sich in der Tabelle jeweils konkret handelt, ist momentan noch nicht von Belang, da wir die weitere Verfahrensweise so vorstellen wollen, dass sie für alle Risiken einheitlich angewendet werden kann.

Schadenanalyse Im Zusammenhang mit der Notfallbewältigung interessiert uns vor allem *ein* Anteil jedes Risikos: der potenzielle Schaden[12]. Dabei ist es sinnvoll,

– nach bestimmten Schadenarten zu unterscheiden,

– Schadenhöhen in Klassen einzuteilen und

– die zeitlichen Schadenverläufe zu erfassen.

Schadenarten Eine mögliche (aber nicht zwingende) Unterteilung der Schadenarten kann man aus der Systematik des Schutzbedarfs beim IT-Grundschutz ableiten, nämlich die Unterscheidung nach

– Schäden monetärer Art,

– Schäden, die zu einer Beeinträchtigung der Geschäftstätigkeit führen[13],

– Schäden mit negativer Innenwirkung (z. B. bei der Mitarbeitermotivation) oder Außenwirkung (Image, Kreditwürdigkeit,…) und

– Schäden durch Verstöße gegen gesetzliche Bestimmungen oder / und vertragliche Vereinbarungen.

Diese Aufzählung ist nicht bindend und nicht abschließend, vielmehr muss jede Organisation für sich entscheiden, welche Schadenarten für die eigene Geschäftstätigkeit relevant sind. In der Regel werden es mehrere Schadenarten sein, die in unterschiedlicher *Gewichtung* betrachtet werden.

Eine Organisation könnte z. B. zu dem Schluss kommen, dass finanzielle Schäden mit 70 %, Schäden durch Gesetzesverstöße mit 30 % gewichtet werden. D. h. *nicht*, dass Gesetzesverstöße generell unwichtig(er) wären – die Gewichtung bezieht sich allein auf die im Folgenden abzuleitende Wiederanlaufplanung!

Schadenhöhe Wir benötigen nun eine Einteilung bzw. Klassifizierung der Schadenhöhen nach ihrer Bedeutung für die Organisation. Eine solche Einteilung wird bei der Risikobewertung vorgenommen. Wir könnten sie dort entnehmen und weiterverwenden.

---

[12] Die Eintrittshäufigkeit wird vor allem bei der Notfall*prävention* Berücksichtigung finden.

[13] Solche Schäden führen bei Unternehmen meist ebenfalls zu monetären Schäden; diese Schadenkategorie ist deshalb vor allem dort sinnvoll, wo finanzielle Schäden eher untergeordnet sind – etwa bei Behörden.

Eine andere Variante stellt die folgende Systematik dar, die in Analogie zum Schutzbedarf beim IT-Grundschutz aufgebaut ist.

Tabelle 4:   Klassifizierung von Schadenauswirkungen

Klasse	Beschreibung
0	Schäden mit geringfügigen / vernachlässigbaren Auswirkungen
1	Schäden mit begrenzten und überschaubaren Auswirkungen
2	Schäden mit beträchtlichen, aber nicht existenzbedrohenden Auswirkungen
3	Schäden mit existenzbedrohender Auswirkung

Die Anzahl der Stufen und ihre Beschreibung ist nur als Beispiel anzusehen: Jede Organisation kann diese Systematik nach eigenen Vorstellungen anpassen. Das kann ganz konkret z. B. so aussehen, dass nach monetären Schwellenwerten unterteilt wird: Klasse 3 enthält etwa Schäden höher als 1 Mill. € pro Fall, Klasse 2 Schäden zwischen 100 T€ und 1 Mill. €, Klasse 1 zwischen 10 T€ und 100 T€, Klasse 0 alles unter 10 T€.

Schadenverlauf   Es wird Schäden geben, deren Höhe mit dem zeitlichen Verlauf variiert.

Nehmen wir als Beispiel ein IT-System, das für einen zum Umsatz beitragenden Geschäftsprozess unverzichtbar ist und von einem Ausfall betroffen ist. Der Ausfall dieses Systems wird einen Schaden produzieren, dessen Höhe von der Ausfallzeit abhängen kann, kurz und knapp: Je länger die Ausfallzeit, umso höher der Schaden.

Es kann auch Fälle geben, bei denen eine beschränkte Ausfallzeit noch keinen Schaden verursacht, sondern ein Schaden erst nach Überschreiten eines entsprechenden *Zeitfensters* entsteht. In der Praxis wird dies z. B. bei Verstößen gegen vertragliche Vereinbarungen der Fall sein, bei denen in einem *Service Level Agreement* ein maximales Ausfallzeitfenster festlegt wurde: Solange man sich innerhalb des Zeitfensters bewegt, hat dies keine Folgen, überschreitet man das Zeitfenster, werden Vertragsstrafen fällig.

Ein beispielhafter Schadenverlauf könnte durch die folgende Kurve visualisiert werden.

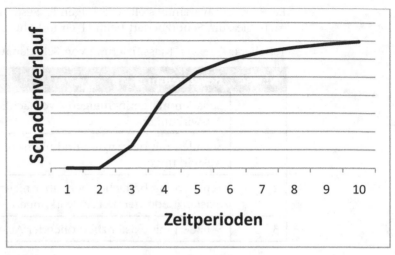

Abbildung 9:   Zeitlicher Schadenverlauf

Bis zum Zeitpunkt 2 ist der Schaden praktisch gleich Null, steigt dann relativ schnell an und nähert sich mit wachsender Zeit einer Grenze, die im Grunde den maximal möglichen Schaden darstellt. Dieser könnte z. B. den Wert des Unternehmens ausdrücken, d. h. bei diesem Schaden tritt der Fall der *Existenzbedrohung* ein. Man beachte dabei, dass in der Kurve stets der über die Zeit kumulierte Schaden dargestellt ist.

Perioden

Der Nachteil der obigen Abbildung ist, dass eine Weiterverarbeitung nicht so gut möglich ist. Wir wechseln deshalb auf geeignete Tabellen und führen Zeitverläufe mit *Perioden* ein. Dazu sehen wir uns folgende Beispiele an.

Tabelle 5:   Perioden

	Perioden			
	A	B	C	D
Modell 1	0 … 4 h	4 … 8 h	8 … 24 h	>24 h
Modell 2	0 … 1 Tag	1 … 3 Tage	> 3 Tage	
Modell 3	≤ 2 Tage	> 2 Tage		

Man erkennt im Zeitmodell 1 eine Einteilung in 4 Perioden. Die Werte sind so zu lesen: Periode A = Ausfallzeit max. 4 Stunden, Periode B = Ausfallzeit zwischen 4 und 8 Stunden, Periode C =

Ausfallzeit zwischen 8 und 24 Stunden, Periode D = Ausfallzeit größer als 24 Stunden.

Das Zeitmodell 2 (bzw. Zeitmodell 3) hat dagegen nur 3 (bzw. 2) Perioden.

Die Benennung und Anzahl der Perioden, sowie ihre Begrenzung nach Stunden oder Tagen ist natürlich für jede Organisation individuell festlegbar.

Man könnte sogar für jeden Geschäftsprozess *individuelle* Festlegungen treffen – etwa die Idee, dass die drei Zeitmodelle aus der obigen Tabelle auf unterschiedliche Geschäftsprozesse der gleichen Organisation anzuwenden sind. Jedoch führt eine solche Differenzierung nicht zu vergleichbaren Aussagen bei der Schadenbewertung, insofern raten wir davon ab.

Nun müssen wir noch die Schadenhöhen den Perioden zuordnen. Wir verwenden das Zeitmodell 1 aus der Tabelle 5 und die Schadenklassen aus der Tabelle 4. Für die drei Geschäftsprozesse GP1, GP2 und GP3 könnte beispielsweise festgelegt sein:

Tabelle 6: Schaden-/Zeitaufriss

	Finanzielle Schäden				Gesetzesverstöße			
	Periode				Periode			
Prozess	A	B	C	D	A	B	C	D
GP1	0	1	2	3	0	0	1	3
GP2	1	2	3	3	0	0	0	0
GP3	0	0	1	1	0	1	1	2

In diesem Beispiel ist eine Einteilung nach 2 Schadenkategorien (Finanzielle Schäden, Gesetzesverstöße) vorgenommen worden.

Bei GP2 handelt es sich offensichtlich um einen Geschäftsprozess, für den der finanzielle Schadenverlauf recht steil ist, aber keine besonderen *gesetzlichen* Anforderungen in Bezug auf die Ausfallsicherheit bestehen: Die Schadenauswirkung ist in dieser Kategorie zeitunabhängig stets mit 0 bewertet.

GP1 und GP3 dagegen haben eine Auswirkung bei Gesetzesverstößen – bei GP1 bspw. eine begrenzte und überschaubare in der Periode C und eine gravierende bzw. existenzbedrohende bei Periode D.

Würde man nun die Schadenkategorien z. B. prozentual nach 70% / 30 % gewichten, ließe sich für jeden Geschäftsprozess eine *gewichtete Schadenklasse* angeben. Bei GP1 wäre dies für die Periode A durch 0,7*0 + 0,3*0 = 0 anzugeben, für die Periode C analog durch 0,7*2 + 0,3*1 = 1,7.

Mag man keine Dezimalstellen, kann die Gewichtung auch durch ganze Zahlen angegeben werden: In unserem Beispiel etwa finanzielle Schäden = 7, Gesetzesverstöße = 3, wodurch sich die gewichteten Schadenklassen bei GP1 zu 0 (Periode A) und 17 (Periode C) ergeben. In der Gesamtdarstellung sieht dies dann so aus:

Tabelle 7: Schaden-/Zeitaufriss mit Gewichtung

Prozess	Finanzielle Schäden (7) Perioden				Gesetzesverstöße (3) Perioden				Gewichtete Schäden Perioden			
	A	B	C	D	A	B	C	D	A	B	C	D
GP1	0	1	2	2	0	0	1	3	0	7	17	23
GP2	1	2	3	3	0	0	0	0	7	14	21	21
GP3	0	0	1	1	0	1	1	2	0	3	10	13

In unserem Beispiel kann ein Geschäftsprozess bei den gewichteten Schäden eine maximale Punktzahl von 30 erhalten, wenn man die Schadenstufen 0 ... 3 gemäß Tabelle 4 und die Gewichtungsfaktoren 7 bzw. 3 annimmt. Die minimale Punktzahl ist natürlich 0. Je höher die Punktzahl, umso kritischer ist der Geschäftsprozess in der betrachteten Periode, aber auch im Schadenverlauf.

Die Zuordnung von (gewichteten) Schäden zu Zeitperioden bezeichnet man als *Kritikalitätsanalyse*.

Kritikalitätsstufen Eine gewisses Problem besteht darin, dass die in der Tabelle 7 eingetragenen Punktzahlen – vor allem in dem grau hinterlegten Teil – eine Genauigkeit andeuten, die so nicht immer gegeben ist. Es stellt sich auch die Frage, ob bei geringen Unterschieden (z. B. 21 zu 23 Punkten) überhaupt eine relevante inhaltliche Unterscheidung möglich ist.

Wenn man sich von diesem Umstand lösen will, kann man mit so genannten *Kritikalitätsstufen* arbeiten.

Wir unterteilen deshalb den Zahlenstrahl 1 ... 30 (= maximale Punktzahl in unserem Beispiel) in drei Bereiche[14] und legen entsprechende *Kritikalitätsstufen* fest:

Kritikalitätsstufe 1:   Punktzahl 1-10

Kritikalitätsstufe 2:   Punktzahl 11-20

Kritikalitätsstufe 3:   Punktzahl 21-30

Formal kann man die Punktzahl 0 als Kritikalitätsstufe 0 festlegen. Im Text ziehen wir es jedoch vor, dann von *unkritisch* oder *nicht kritisch* zu sprechen.

Wir tragen diese Stufen in die obige Tabelle 7 ein und erhalten für den rechten Teil der Tabelle:

Tabelle 8:   Kritikalitätsstufen nach Perioden

	Kritikalität			
	Perioden			
Prozess	A	B	C	D
GP1	0	1	2	3
GP2	1	2	3	3
GP3	0	1	1	2

Man sieht wiederum den Anstieg der Kritikalität nach Zeitperioden.

Wir betrachten die Zeitperiode C und nehmen an, dass der Ausfall einer Versorgung (z. B. Strom) alle drei Geschäftsprozesse gleichermaßen betrifft, aber die Behebung des Problems innerhalb der Periode C abgeschlossen werden kann.

Sobald die Versorgung wieder gegeben ist, möchte man am liebsten parallel für alle drei Geschäftsprozesse mit dem Wiederanlauf beginnen. Das kann daran scheitern, dass z. B. keine ausreichende Personalkapazität vorhanden oder die fragliche Versorgung nicht sofort voll belastbar ist – d. h. man muss eine Entscheidung treffen: Welcher Prozess soll als erster, als zweiter usw. anlaufen?

Sowohl aus Tabelle 7 wie auch aus Tabelle 8 kann man entnehmen, dass GP2 bereits die höchste Kritikalität hat und damit si-

---

[14]   Anzahl der Stufen und die Schwellenwerte individuell anpassbar

cher auf Platz 1 landet. Analog sieht man, dass auf Platz 2 sinnvollerweise GP1 kommt – als letztes steht GP3 an.

Bei Punktgleichheit (wie etwa in der Periode B bei GP1 und GP3) könnte man in die nächste Periode schauen und sehen, bei welchem Prozess die Kritikalität am schnellsten steigt (im Beispiel wäre das GP1) und diesen Kandidaten dann auf Platz 1 setzen.

Fazit

Wir fassen zusammen: Das Problem der Reihenfolge beim Wiederanlauf löst man in der betrachteten Periode durch Reihung nach den Kritikalitätsstufen – bei Punktgleichheit unter Zuhilfenahme des Kritikalitätsverlaufs in den folgenden Perioden.

Wiederanlauf-klasse

Mit dieser Regel teilt man die Geschäftsprozesse praktisch in Klassen betreffend der Reihenfolge des Wiederanlaufs ein. Aus diesem Grund nennt man die Kritikalitätsstufen auch *Wiederanlaufklassen*.

Man beachte, dass in der Tabelle 8 dreimal die Kritikalitätsstufe 3 eingetragen ist. Dies bedeutet einen gravierenden oder sogar existenzbedrohenden Schaden, wenn bei GP1 die Wiederanlaufzeit nach einer Unterbrechung bis in die Zeitperiode D, analog bei GP2 nach Unterbrechung bis in Zeitperiode C reicht. In solche Kritikalitäten will man in aller Regel nicht geraten. Was tun?

Zunächst würde man die MTPD festlegen bzw. geeignet korrigieren. Im Beispiel der Tabelle 8 könnte man für GP1 die MTPD auf 24 h begrenzen. Vorausgesetzt, dieses ließe sich technisch realisieren, würde man bei einem Wiederanlauf höchstens bis zum Ende der Periode C kommen. Analog wäre bei GP2 die MTPD auf 8 h zu limitieren, beim Wiederanlauf landet man höchstens in der Periode B.

Sofern wir bereits aus den geschäftlichen Anforderungen Festlegungen für die MTPD hatten (vgl. Tabelle 3 auf der Seite 57), müssen wir jetzt beide Werte verrechnen, d. h. der jeweils kleinere Wert ist maßgebend.

In unserem Beispiel war die MTPD für GP1 von vorneherein auf 4 h gesetzt, insofern ändert sich hier nichts. Bei GP2 reduziert sie sich jetzt aber von 24 h auf 8 h. Man kann die (neue) MTPD im Schadenaufriss jeweils durch eine Begrenzungslinie andeuten.

Tabelle 9:   Kritikalitätsstufen mit MTPD

	Kritikalität			
	Perioden			
Prozess	A	B	C	D
GP1	0	1	2	3
GP2	1	2	3	3
GP3	0	1	1	2

Nun zu dem grundsätzlichen Vorbehalt hinsichtlich der technischen Realisierbarkeit: Es kann am Ende der ganzen Planung die Erkenntnis stehen, dass die Wiederanlaufzeiten nach bestimmten Schadenereignissen (in Verbindung mit Reaktions- und Planungszeit, vgl. Abbildung 5 auf der Seite 23) größer als die (korrigierten) MTPDs sind. Dann bleibt nur, präventiv mehr Redundanz vorzusehen, um diese hohe Kritikalität in der Praxis erst gar nicht zu erreichen. Wir wollen dies in einem späteren Abschnitt genauer behandeln.

Intervalle /
Termine

Es gibt Szenarien, in denen Geschäftsprozesse nur zu bestimmten Terminen und innerhalb eines bestimmten Bearbeitungszeitraum möglichst störungsfrei ablaufen müssen (z. B. für die monatliche Gehaltsabrechnung, für termingebundene finanzielle Transaktionen bei einer Bank, bei der Anzeigenannahme vor Druck einer Zeitung, bei Lieferketten-Beziehungen).

Hier ist nicht zwingend eine gleichmäßige, durchgehende zeitliche Verfügbarkeit gefordert, vielmehr müssen *Termine* eingehalten werden, d. h. die Verfügbarkeit wird vorrangig im Zusammenhang mit diesen Terminen gefordert. Ein Ausfall der Systeme oder Anwendungen in dem Bearbeitungszeitraum oder kurz vor diesen Terminen wäre hoch schadenträchtig – ein Ausfall in nicht relevanten Zeiten wäre dagegen weniger kritisch – vielleicht sogar unkritisch.

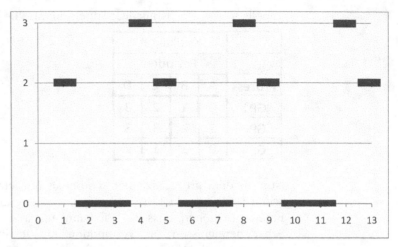

Abbildung 10:   Intervall-Verfügbarkeit

Mit anderen Worten: Hier sind Geschäftsprozesse gemeint, die nur in bestimmten Zeitintervallen (zeit-)kritisch sind, außerhalb dieser Intervalle jedoch nicht. Die schwarzen Balken in der Abbildung markieren die Kritikalität des betrachteten Geschäftsprozesses – hier deutet der Zeitstrahl die Wochen in einem Quartal an. Die senkrechte Achse gibt die Kritikalitätsstufe 0 ... 3 an.

Wie geht man in solchen Fällen vor? Ein alle Wünsche erfüllendes Vorgehensmodell gibt es nicht.

Die Methode des *worst case* besteht darin, die höchste Kritikalität – im Beispiel unserer Abbildung die Stufe 3 – *durchgängig* zu fordern und daran die gesamte Notfallplanung auszurichten, d. h. man ignoriert einfach die geringeren Kritikalitäten (insbesondere die Null). Es ist natürlich nicht auszuschließen, dass hierbei umfangreiche Ressourcen für Zeiten geringer oder nicht vorhandener Kritikalität „verschwendet" werden.

Eine andere Strategie wäre diejenige, eine *durchschnittliche* Kritikalität zu betrachten. Im Beispiel der Abbildung liegt diese irgendwo zwischen 1 und 2. Die Planung könnte sich hieran ausrichten – mit dem Risiko, dass der Notfall gerade in einem Intervall hoher Kritikalität auftritt und man nicht entsprechend gerüstet ist. Natürlich könnte man Zeiten mit einer von 0 verschiedenen Kritikalität stärker gewichten – und würde sich damit wieder in Richtung worst case bewegen.

Eine filigranere Methode sieht so aus: Man zerteilt gedanklich den Geschäftsprozess und betrachtet ihn für jedes Intervall mit abweichender Kritikalität *separat* – mit der Folge, dass die Schadenanalyse und die Wiederanlaufplanung für jedes Intervall unterschiedlich sind.

Damit steigt natürlich der Analyseaufwand; möglicherweise würde man die Umsetzung auch als nicht praktikabel ansehen, weil je nach Zeitintervall andere Entscheidungen zu treffen und unterschiedliche Vorgehensweisen zur Wiederherstellung einzusetzen wären – nicht immer die beste Strategie in Zeiten von Notfällen.

4.3 Kritikalität von Ressourcen

In den vorausgegangenen Abschnitten haben wir Kritikalitätsanalysen auf der Ebene der Geschäftsprozesse durchgeführt.

Ressourcen

Nun benötigt jeder Geschäftsprozess zwingend eine Vielzahl von Ressourcen. *Zwingend benötigen* heißt, der Geschäftsprozess kann die geplante Funktion nicht vollständig erbringen, wenn eine bestimmte Ressource ihre Aufgabe nicht erfüllt. Eine solche Ressource ist also *unverzichtbar* für den Geschäftsprozess.

Eine Datenbankanwendung wird als unverzichtbare Ressource zumindest ein IT-System benötigen, eine Kommunikationsanwendung benötigt sicherlich ein Transport-Netz etc.

Es gibt aber auch *verzichtbare* Ressourcen. Nehmen wir als Beispiel statistische Auswertungen, die einen Geschäftsprozess z. B. zur Qualitätssicherung „beobachten" – aber für seine normale Funktion eben verzichtbar sind.

Eine genaue Aufstellung – zumindest der unverzichtbaren – Ressourcen kann man natürlich nur bei einem realen Geschäftsprozess machen. Grundsätzlich können dazu zählen:

– Organisatorische Mittel
   Beispiele: Rollenmodelle, Besetzungslisten, Vertretungsregelungen, Verfahrensbeschreibungen, Arbeitsanweisungen

– Personal
   Beispiele: Administrationspersonal, Mitarbeiter in Notfallteams, Personal in der Produktion, Sicherheitsbeauftragter, Personal von Dienstleistern, externe Spezialisten, Wachpersonal

– IT-Systeme und Anwendungen
   Beispiele: Server und Clients, intelligente Peripheriegräte wie Drucker, Scanner etc., Zutrittskontrollanlage, Backup-Systeme und -Roboter, PDA, Smartcards

- Netze, Netzübergänge, Netzinfrastruktur
  Beispiele: Intranet, Internet-Anbindung, Router, Switches, Gateways, Firewalls, Verkabelung, WLAN

- Andere Systeme
  Beispiele: Produktionsanlagen, Druckmaschinen, Kassensysteme

- Infrastruktureinrichtungen und Versorgungen
  Beispiele: Zutrittskontrolle, Strom, USV, Netzersatzanlagen, Klimatisierung, Sensorik / Detektoren und Alarmierungssysteme, Löschsysteme, Blitzschutz

- Andere Prozesse
  Beispiele: Prozesse, die Daten als Input bereit stellen oder bereit gestellte Ergebnisse weiterverarbeiten

Die meisten Beispiele sind sofort einleuchtend, andere haben eher sekundären Charakter bzw. unterstützende Funktion (bspw. die organisatorischen Mittel) oder aber „sichernde" Funktion (bspw. die Infrastruktureinrichtungen). Ob solche Funktionen verzichtbar oder unverzichtbar sind, kann man nur an konkreten Geschäftsprozessen entscheiden.

Liste der Ressourcen

Unsere Aufgabe lautet an dieser Stelle, für jeden betrachteten Geschäftsprozess eine genaue Aufstellung zumindest der unverzichtbaren Ressourcen zu machen. Wenn wir unsere Hausaufgaben unter *Prozessübersicht* auf der Seite 54 erledigt haben, liegt uns je Prozess eine Ressourcenliste vor, in der wir „nur noch" jede einzelne Ressource als verzichtbar bzw. unverzichtbar klassifizieren müssen.

Betrachten wir einen Geschäftsprozess, dessen Funktion darin besteht, Auswertungen auf der Basis einer Datenbank zu liefern. Diese Datenbank zählt offensichtlich zu den unverzichtbaren Ressourcen und muss in der Liste dieser Ressourcen auftauchen.

Unterstellen wir weiter, dass die zugehörige *Datenbank-Software* auf einem *IT-System* läuft und ihre *Daten* von einem *Storage-System* über das *Netzwerk* bekommt.

Müsste man jetzt die aufgezählten Objekte (DB-Software, IT-System, Daten, Netzwerk) als eigene Ressourcen in der Liste erfassen oder steht dort nur „Datenbank"?

Die Antwort lautet wie so oft „hängt davon ab...": Es kann Gründe geben, die genannten *Teil-Ressourcen* der Datenbank einzeln zu erfassen. Das macht unter anderem dann Sinn, wenn diese Teil-Ressourcen auch von anderen Prozessen als solche genutzt werden.

Wenn man jedoch vom Ende her denkt (was oft nützlich ist), kann die Antwort auch so lauten: Es kommt darauf an, für welche Objekte man Wiederanlaufpläne erstellen möchte. Ist es die Datenbank als Ganzes, dann müssten in diesen Plänen eben auch Ausfälle der Teil-Ressourcen mit behandelt werden. Will man jedoch für die Teil-Ressourcen jeweils eigene Wiederanlaufpläne haben, sollte man diese Teil-Ressourcen auch in der obigen Liste *separat* erfassen.

Denkt man an die benötigten *Versorgungen* (Strom und Klimatisierung für das IT-System und das Storage System), so ist der Aspekt der Mehrfachnutzung durch andere Prozesse im Vordergrund. Solche Versorgungen sollten deshalb nicht als Teil-Ressourcen unter der Datenbank subsumiert werden.

kritische Ressourcen

Wenn ein Geschäftsprozess (zeit-)*kritisch* ist, wird es Ressourcen geben, an die ebenfalls Zeitbedingungen zu stellen sind, damit der Prozess unterbrechungsfrei bzw. im Rahmen zulässiger Verzögerungen funktionieren kann und somit keine signifikanten Schäden produziert. Solche Ressourcen nennen wir *kritische Ressourcen* – bezogen auf den jeweiligen Geschäftsprozess – und markieren sie in der Tabelle als kritisch. Man beachte dabei, dass eine Ressource für einen bestimmten Geschäftsprozess A kritisch, für einen Geschäftsprozess B dagegen nicht kritisch sein kann.

Ein kritischer Geschäftsprozess kann aber auch einzelne Ressourcen verwenden, die *nicht* (zeit)kritisch sind. Betrachten wir als Beispiel den an sich zeitkritischen Geschäftsprozess der Gehaltsabrechnung, der termingerecht ausgeführt werden muss. Die errechneten Beträge sind online an entsprechende Banken und Konten zu übertragen. Zusätzlich werden Daten für den Ausdruck der Gehaltsabrechnungen bereitgestellt und an eine Druckeinrichtung übermittelt. Hier könnte man zu dem Schluss kommen, dass diese Druckeinrichtung eine sehr viel geringere Kritikalität als der Hauptprozess besitzt – möglicherweise sogar gar keine, und damit eben nicht kritisch ist.

Insofern wollen wir auch bei den Ressourcen nach *kritischen* bzw. *unkritischen* unterscheiden.

Spielen wir ein wenig mit den Begriffen: In unserem Sinne ist eine kritische Ressource *immer* eine unverzichtbare Ressource,

Kritikalitätsstufe

eine verzichtbare Ressource nie kritisch. Andererseits *kann* eine unkritische Ressource unverzichtbar sein.

Es liegt deshalb nahe, Ressourcen ebenfalls eine Kritikalitätsstufe zuzuordnen. Sie hängt natürlich mit der Kritikalität des Prozesses zusammen, der die Ressourcen nutzt bzw. benötigt. Die folgende Regel gibt eine erste Bewertung der Kritikalität[15]:

—   Die Kritikalität *vererbt* sich von einem Geschäftsprozess auf seine unverzichtbaren Ressourcen.

Unsere bisherigen Überlegungen führen zu der folgenden Tabelle. Wir verwenden dabei die gleichen Beispieldaten zu GP1, GP2 und GP3 wie in den vorausgegangen Tabellen. Die angegebenen Ressourcen sind nur als Beispiel zu sehen. Die Zeile „Kernprozess" (mit 0 = nein, 1 = ja) können Sie natürlich weglassen, wenn Sie ohnehin nur Kernprozesse in der Tabelle erfassen.

Tabelle 10:   Vererbung der Kritikalität von Ressourcen

Prozess					GP1					GP2					GP3				
Kernprozess					1					1					1				
Perioden					A	B	C	D		A	B	C	D		A	B	C	D
Gewichtete Schäden					0	7	17	23		7	14	21	21		0	3	10	13
Kritikalität																			
Ressource	A	B	C	D	V	A	B	C	D	V	A	B	C	D	V	A	B	C	D
Dienstleister 1	0	7	17	23	1	0	7	17	23	0	0	0	0	0	0	0	0	0	0
Dienstleister 2	0	3	10	13	0	0	0	0	0	0	0	0	0	0	1	0	3	10	13
Server A	0	7	17	23	1	0	7	17	23	0	0	0	0	0	0	0	0	0	0
ISDN-Anbindung	0	3	10	13	0	0	0	0	0	0	0	0	0	0	1	0	3	10	13
Internet-Anbindung	7	21	38	44	1	0	7	17	23	1	7	14	21	21	0	0	0	0	0
Datenbank	7	24	48	57	1	0	7	17	23	1	7	14	21	21	1	0	3	10	13
Strom-versorgung	7	21	38	44	1	0	7	17	23	1	7	14	21	21	0	0	0	0	0
Klimatisierung	0	7	17	23	1	0	7	17	23	0	0	0	0	0	0	0	0	0	0
...																			

---

[15]   Die Vorgehensweise ähnelt den Prinzipien bei der Schutzbedarfsfeststellung nach dem IT-Grundschutz (s. Abschnitt 2.4).

Unter jedem Geschäftsprozess finden Sie bei jeder Ressource (Zeile) in der grauen Spalte „**V**(erzichtbar)" entweder

- 0 = ja, d. h. diese Ressource ist für den betrachteten Geschäftsprozess verzichtbar[16], oder

- 1 = nein, d. h. die Ressource ist unverzichtbar.

Diese Zahl wird als Faktor genommen, um die gewichteten Schäden (4. Zeile von oben) jeweils auf die Ressourcen zu vererben. Bei verzichtbaren Ressourcen erscheint damit im Zeitaufriss A ... D eine Null. Bei unverzichtbaren Ressourcen werden dagegen die gewichteten Schäden des Gesamtprozesses vererbt.

Aus den Spalten A ... D unter *Kritikalität* kann man nun für jede aufgeführte Ressource ablesen, welcher gewichtete Schaden sich bei Anwendung der Vererbungsregel (im Zeitaufriss) ergibt. Dabei kommen die Ergebnisse durch spaltenweise (A, B, C, D) Addition der rechts stehenden gewichteten Schäden bei den einzelnen Geschäftsprozessen zustande. *Addition* deshalb, weil es sich ja um (gewichtete) Schäden handelt, die sich bei Ausfall einer Ressource über alle betroffenen Geschäftsprozesse addieren[17].

Natürlich kann man z. B. per Management-Entscheidung von den Ergebnissen abweichen – etwa insofern, als

- bei einer zentralen[18] Ressource die Kritikalität „manuell" erhöht wird (Kumulationsprinzip) oder

- bei einer Ressource aufgrund von vorhandenen Redundanzen die Kritikalität manuell verringert, d. h. etwa bei Parallelbetrieb von zwei Systemen quasi auf beide verteilt (Verteilungsprinzip).

Falls Sie es vorziehen, Kritikalitätsstufen in Analogie zur Tabelle 8 zu verwenden, müssen Sie hier bedenken, dass sich der Zahlenstrahl quasi gestreckt hat: Wenn Sie (wie in unseren Beispielen) die Werte 0 ... 30 den Kritikalitätsstufen 0 ... 3 zuordnen, haben wir in der Tabelle 10 jetzt bei drei Geschäftsprozessen die

---

[16] darin enthalten der Fall, dass die Ressource gar nicht benötigt wird

[17] Die Anwendung des Maximumprinzips wäre hierbei nicht zielführend!

[18] eine solche, die z. B. von *allen* kritischen Prozessen genutzt wird

Werte 0 ... 90, so dass wir eine Zuordnung 1 → 1...30, 2 → 31...60, 3 → 61...90 vornehmen müssten.

Fazit

Wir halten als Fazit fest: Die erläuterten Verfahren dienen dazu, jeder Ressource eine Kritikalität – entweder einen gewichteten Schaden oder eine Kritikalitätsstufe – zuzuweisen.

4.4 Wiederanlauf von Ressourcen

Nachdem wir die Kritikalität von Ressourcen ermittelt haben, geht es nun um deren Wiederanlaufplanung.

Die wesentliche Größe ist hier die (maximale) *Wiederanlaufzeit* (WAZ) für eine Ressource, die ausdrückt, welche Zeit (maximal) benötigt wird, um diese Ressource wiederherzustellen. Im Sinne der Abbildung 5 auf der Seite 23 ist damit die gesamte Wiederanlaufzeit gemeint.

Dass jeweils „(maximal)" in Klammern gesetzt wurde, hat folgenden Hintergrund, den wir am Beispiel unserer Datenbank erläutern wollen:

Der Ausfall der Ressource „Datenbank" und die Notwendigkeit eines Wiederanlaufs können sehr unterschiedliche Gründe haben: Es kann sich um Fehler, Defekte, einen unzulässigen Status, ungenügende Mittel wie Speicherplatz oder Bandbreiten etc. handeln, die bei der Ausführung der Datenbank aufgetreten sind. Es kann sich aber auch um Probleme mit externen Objekten (Daten, Versorgungen,...) handeln, die zu einem Ausfall geführt haben.

Je nach Art des Problems wird sich dessen Behebung und der Wiederanlauf der Datenbank anders darstellen. Damit haben wir nicht nur *eine* Wiederanlaufzeit, sondern im Grunde eine ganze Reihe solcher Zeiten. Andererseits ist die Datenbank für uns möglicherweise die unterste Ebene der Ressourcen-Betrachtung und benötigt für weitere Analysen *genau eine* charakteristische WAZ, d. h. die WAZ muss dann als *Maximum* aller dieser Zeiten festgelegt werden.

Beachten Sie dabei, dass im Beispiel des Ausfalls von Versorgungen – sofern als eigene Ressource betrachtet – die Wiederherstellungszeit für die Versorgung *nicht bei der Datenbank zur Anrechnung* kommen darf, sondern lediglich die Zeit zum Wiederanlauf der Datenbank nach erneuter Bereitstellung der Versorgung.

Wir unterstellen nun, dass wir die jeweilige WAZ für die einzelnen Ressourcen durch Schätzung, Simulation oder Test bzw. Notfallübung oder aus Erfahrungen mit eingetretenen Vorfällen ermittelt haben.

In der folgenden Tabelle haben wir den Ausschnitt mit den Ressourcen aus Tabelle 10 herausgenommen und mit den ermittelten Zeiten für einen Wiederanlauf versehen. Dabei haben wir uns auf drei Ressourcen (Server A, Datenbank, Internet-Anbindung) beschränkt. Als gewichtete Schäden sind die aus der Vererbung in der Tabelle 10 links stehenden Zahlen übernommen worden.

Tabelle 11: Wiederanlaufplanung Ressourcen

		Gewichtete Schäden			
		Perioden			
Ressource	WAZ	A	B	C	D
Server A		0	7	17	23
	5 h		*		
Datenbank		7	24	48	57
	12 h			*	
Internet-Anbindung		7	21	38	44
	1 h	*			

Das Sternchen zeigt an, in welcher Zeitperiode wir mit der links angegebenen WAZ jeweils landen.

Nun stellt sich die Frage, ob die eingetragenen Wiederanlaufzeiten der Ressourcen zu den MTPDs der Geschäftsprozesse passen, die diese Ressourcen (unverzichtbar) benötigen.

Bei dieser Bilanzierung müssten wir gemäß Abbildung 5 auf der Seite 23 die Reaktions- und Planungszeit einbeziehen, wollen aber – nur zur Vereinfachung – annehmen, dass diese in unserem Beispiel vernachlässigbar seien.

Beginnen wir mit dem einfachsten Fall, dass *genau eine* Ressource – z. B. unsere Datenbank – ausgefallen ist und wiederhergestellt werden muss.

Der Geschäftsprozess GP1 benötigt die Datenbank als Ressource und besitzt gemäß Tabelle 9 eine korrigierte MTPD von 4 Stunden (analog für GP2 mit der korrigierten MTPD von 8 Stunden).

Für GP3 ist keine MTPD angegeben, so dass wir mit einer WAZ von (Tabelle 11:) 12 Stunden für die Datenbank hier kein Problem haben. Weiterhin sehen wir in der Tabelle 9, dass bei WAZ = 12 Stunden in der Periode C der Schadenwert für GP3 gleich 10 ist, sich also im Rahmen hält. Kurzum: Alles im Griff!

Bei GP1 kommt jetzt die „kalte Dusche": Mit 12 Stunden sind wir weit jenseits der MTPD; das gilt im Grunde auch bei GP2. Was tun?

Prinzipiell gibt es verschiedene Möglichkeiten für den Wiederanlauf der Datenbank:

–   Es wird eine fertig installierte Datenbank (inkl. der dazu gehörenden Teil-Ressourcen wie das IT-System) auf Lager gelegt und kann nun zum Einsatz kommen. Die Datenbank muss allerdings in die Einsatzumgebung verbracht und in Betrieb genommen werden (Cold Standby).

–   Es ist bereits eine Ersatz-Datenbank in der Einsatzumgebung in Betrieb, so dass ggf. nur eine manuelle Umschaltung auf dieses System erforderlich ist (Warm Standby).

–   Es kann eine parallel laufende, funktionsgleiche Datenbank genutzt werden, bei der die Umschaltung praktisch verlustfrei erfolgt (Hot Standby).

Wenn Sie die Aufzählung dieser *Strategien* von oben nach unten anschauen, stellen Sie fest, dass der Zeitbedarf für den Wiederanlauf in der Regel abnimmt.

Es stellt sich nun die Frage, welche dieser Strategien zu einer WAZ von maximal 4 Stunden (MTPD für GP1) führen kann. Wahrscheinlich ist dies für Hot Standby technisch positiv zu beantworten, ggf. auch schon für das Modell *Warm Standby* – oder sogar für *Cold Standby*? Am besten ist dies durch entsprechende Tests zu überprüfen, bei denen die Zeiten „gemessen" werden.

D. h. mit geeigneten *präventiven* Maßnahmen (wie den drei geschilderten) könnten wir möglicherweise einen erfolgreichen Wiederanlauf mit einem Zeitbedarf unterhalb der MTPD erreichen.

Stehen uns – aus welchen Gründen auch immer – solche präventiven Maßnahmen *nicht* zur Verfügung, müssten wir für den Ausfall eine Überbrückung konzipieren. Wir verschieben die

Erläuterungen dazu jedoch auf den Abschnitt 4.5, in dem das Vorgehen für Geschäftsprozesse als Ganzes dargestellt, aber in gleicher Weise auch für einzelne Ressourcen anwendbar ist.

Hot und Warm Standby sind meist die teuersten Varianten, wenn es um eine Verkürzung von Wiederanlaufzeiten geht, haben aber den Vorteil, dass es erst gar nicht zu einem Ausfall einer logischen Ressource (und damit der abhängigen Geschäftsprozesse) kommen muss. Insofern ergibt sich dann auch keine Unterbrechung für den betroffenen Geschäftsprozess – natürlich aber für das ausgefallene (redundante) System. Für letzteres hat man jetzt allerdings mehr Zeit für den Wiederanlauf gewonnen.

Man kann also feststellen: Die Kritikalität des IT-Systems hat sich aufgrund der Redundanz *verteilt*. Es kommt deshalb – bei entsprechend guter Konzeption – zu keinem gravierenden direkten Schaden für die Organisation. Eine solche Lösung hat den weiteren Vorteil, Wartungsprozesse zu vereinfachen, da Systeme (weil redundant vorhanden) zeitweilig außer Betrieb genommen werden können, ohne einen Schaden zu produzieren.

Betrachten wir nun einen Vorfall, bei dem *mehrere Ressourcen* ausfallen und wiedergestellt werden müssen. Als Beispiel nehmen wir aus der Tabelle 11 den Server A, die Datenbank und die Internet-Anbindung.

Aus Sicht von GP3 (s. Tabelle 9) sind die Datenbank und die Internet-Anbindung ausgefallen; für GP3 ist jedoch keine MTPD vorgegeben – insofern entsteht hier kein Problem.

Aus Sicht von GP2 ist die Datenbank die einzige ihn betreffende ausgefallene Ressource – womit wir wieder den Fall einer *einzigen* ausgefallenen Ressource haben (und analog zu unserem obigen Fall behandeln können).

Lediglich für GP1 stellt sich ein neues Problem ein, nämlich der Ausfall *zweier* Ressourcen: Server A (WAZ_1 = 5 h) und Datenbank (WAZ_2 = 12 h).

Könnte man beide Wiederherstellungen parallel und unabhängig voneinander bearbeiten, würde die größere Wiederanlaufzeit (hier: 12 h) die maximal benötigte WAZ darstellen. Es kann jedoch z. B. wegen geringer Personalkapazität der Fall auftreten, beide Ressourcen zeitlich *nacheinander* wiederherstellen zu müssen; dann sind die Wiederanlaufzeiten der einzelnen Ressourcen zu addieren. Sind die Aktivitäten zumindest *teilweise parallelisierbar*, wird sich die insgesamt benötigte Zeit allerdings entsprechend verkürzen.

Somit wird sich für die beiden ausgefallenen Ressourcen *insgesamt* eine Wiederanlaufzeit zwischen diesen beiden Extremen, also im folgendem Intervall ergeben[19]:

$$\max (WAZ_1, WAZ_2) \leq WAZ_{gesamt} \leq WAZ_1 + WAZ_2.$$

In unserem Beispiel also zwischen 12 Stunden und (12 + 5 =) 17 Stunden – beides Werte jenseits der MTPD für GP1. Folglich müssen wir auch hier über geeignete präventive Maßnahmen und / oder Überbrückungen nachdenken.

Aufgrund der Tatsache, dass die Datenbank von allen drei betrachteten Geschäftsprozessen verwendet wird (und zwar als unverzichtbare Ressource), sehen wir uns bei ihrem Ausfall

– mit dem Wiederanlauf der Ressource Datenbank und

– drei Wiederanläufen von Prozessen konfrontiert.

Auch hier kann sich das Problem fehlender Personalkapazitäten schnell negativ auswirken.

An diesem noch relativ einfachen Beispiel erkennt man, dass die Abhängigkeiten zwischen Prozessen einerseits sowie zwischen Prozessen und Ressourcen andererseits sehr komplex werden können. Auf die Problematik der Abhängigkeiten gehen wir im Abschnitt 4.6 detaillierter ein.

Fazit

Wie erläutert, können wir mit den Kritikalitäten für Ressourcen

– einerseits die Reihenfolge der Wiederherstellung von Ressourcen (innerhalb der gleichen Periode) bestimmen,

– andererseits für jede Ressource ggf. eine präventive Strategie ableiten, um Schäden und ggf. auch Wiederanlaufzeiten zu mindern, und

– den Bedarf an Überbrückungen erkennen.

---

[19] Geht es um mehr als zwei Ressourcen, sind das Maximum und die Summen analog über alle zu betrachtenden Wiederanlaufzeiten zu bilden.

Wir beschäftigen uns noch kurz mit einer interessanten Interpretation des Begriffs „(un)verzichtbar", die man manchmal sinnvoll anwenden kann – aber nicht muss.

Graduelles Maß In der Tabelle 10 haben wir jeweils in der Spalte V nur 0 oder 1 eingetragen (0 = verzichtbar, 1 = unverzichtbar). Man kann diese Eintragung auch so interpretieren, dass der Geschäftsprozess bei einer Ressource mit V = 0 diese Ressource *gar nicht nutzt* (bzw. von ihr unabhängig ist), während V = 1 meint, dass man diese Ressource *vollständig nutzt* (bzw. von ihr 100 % abhängig ist).

Diese Interpretation kann man natürlich ausbauen und

– den *Grad der Nutzung* einer Ressource durch einen Geschäftsprozess bzw.

– den *Grad der Abhängigkeit* des Geschäftsprozesses von der betreffenden Ressource

stärker differenzieren – z. B. dadurch, dass man zwischen 0 und 1 Zwischenwerte zulässt: etwa mit den Stufen[20]

– wesentliche Nutzung bzw. hoch abhängig (0,75),

– durchschnittliche Nutzung bzw. normal abhängig (0,5) und

– geringe Nutzung bzw. wenig abhängig (0,25).

Diese Faktoren werden dann in der Tabelle genau wie zuvor die 0 (*keine Nutzung* bzw. *verzichtbar*) und 1 (*volle Nutzung* bzw. *unverzichtbar*) bei der Multiplikation berücksichtigt und beeinflussen somit im Ergebnis die Kritikalität.

Ein solches Vorgehen macht natürlich nur Sinn, wenn sich solche Zwischenwerte geeignet interpretieren lassen. Dies ist beispielsweise der Fall, wenn etwa im Rahmen einer kritischen Kommunikationsanwendung (als Geschäftsprozess betrachtet) zwei Wege für den Datentransport zur Verfügung stehen und die Anwendung die Daten nach bestimmten Kriterien – die uns hier nicht interessieren – auf die beiden Wege aufteilt. Sie könnte bei zwei alternativen Wegen prinzipiell eine Aufteilung nach 50/50 vornehmen oder etwa auch 80/20 ansetzen.

Was bedeutet das nun für die Wiederanlaufplanung?

Der Geschäftsprozess soll in der Planung eine WAZ unterhalb seiner MTPD besitzen. Jede verwendete Ressource wird deshalb

---

[20] Will man bei ganzen Zahlen bleiben, bietet sich das Verfahren an, das wir schon bei der Gewichtung von Schäden verwendet haben.

eine maximal zulässige Wiederanlaufzeit „bekommen", um diese Vorgabe erreichen zu können. Nehmen wir an, WAZ_1 und WAZ_2 sind die noch zulässigen Wiederanlaufzeiten für die einzelnen Wege.

Bei der Aufteilung 50/50 werden beide Wege gleich stark genutzt; somit gibt es auch keinen Unterschied im Fall eines Wiederanlaufs beim Ausfall einer der beiden Wege.

Wäre der Nutzungsgrad dagegen nach 80/20 verteilt und fiele der stärker genutzte Weg 1 aus, wäre dies aus Sicht des entstehenden Schadens zweifelsohne gravierender, als wenn der geringer genutzte Weg 2 ausfiele. Der Schaden würde bei Ausfall von Weg 1 schneller steigen und somit unter Beibehaltung der geplanten WAZ_1 früher in eine möglicherweise zu kritische Zeitperiode eintreten. Folglich müsste man in diesem Beispiel die WAZ_1 geeignet reduzieren!

Man kann also feststellen, dass nach dieser Systematik der Nutzungsgrad (analog: Abhängigkeitsgrad) einer Ressource Einfluss auf die zulässige WAZ für die Ressource hat: Je höher der Nutzungsgrad, desto stärker muss sich die zulässige WAZ für die Ressource an die WAZ des Prozesses anpassen. In welchem Verhältnis die Anpassung zu erfolgen hat, muss im Einzelfall entschieden werden.

4.5 Wiederanlauf von Geschäftsprozessen

Wenn wir einen Prozess als Summe seiner Ressourcen sehen wollten, müssten wir nach den Ausführungen der letzten Abschnitte nicht mehr viel tun: Wir haben bereits

– für Geschäftsprozesse deren Kritikalität und MTPD behandelt, sodann

– beides auf die benötigten Ressourcen heruntergebrochen und

– die Wiederanlaufzeiten für die Ressourcen zumindest abgeschätzt,

– sie für bestimmte Ausfallszenarien kombiniert und mit der MTPD der Prozesse verglichen.

Wenn der geplante Wiederanlauf die jeweilige MTPD unterschreitet, haben wir das Erforderliche geleistet.

Wenn die MTPD überschritten sein sollte, hatten wir schon Schlussfolgerungen betreffend präventiver Maßnahmen gezogen bzw. die Notwendigkeit von Überbrückungen für einzelne Ressourcen diskutiert.

Bitte beachten Sie, dass wir in der Tabelle 11 nur eine Auswahl derjenigen Ressourcen betrachtet haben, die bei den Prozessen GP1, GP2 und GP3 zum Einsatz kommen. Wenn wir bei einem Geschäftsprozess alle in der Tabelle 10 angegebenen Ressourcen betrachten, wird sich bei vielen Ausfallrisiken (Tabelle 3) die für die Planung zu berücksichtigende WAZ entsprechend verlängern.

Lösen wir uns nun von der Betrachtung der Ressourcen und sehen einen Geschäftsprozess als *Ganzes*. Fällt ein solcher Prozess aus, gibt es verschiedene Szenarien, in den Normalzustand zurückzukehren. Schauen wir uns einige Beispiele an:

– Der Prozess könnte vor Ort durch eigenes Personal oder Fremdpersonal repariert werden.

– In einer zweiten Liegenschaft der Organisation ist ein ähnlicher Prozess realisiert, der hier einspringen kann und – nach gewissen Anpassungen und Konfigurationsschritten – den ausgefallenen Prozess (vorübergehend) ersetzen kann.

– Der betroffene Prozess ist 1:1 bei einem Dienstleister aufgesetzt, muss allerdings in Betrieb genommen werden (gestartet und z. B. mit aktuellen Daten versorgt werden).

– Der betroffene Prozess ist 1:1 bei einem Dienstleister aufgesetzt, läuft permanent parallel zum Originalprozess und kann praktisch verzögerungsfrei die Arbeiten übernehmen.

Wir hatten schon ein ähnliches Beispiel bei den Ressourcen diskutiert und erkennen auch hier: Der *Zeitbedarf* für die Rückkehr in den Normalbetrieb wird in der Regel von oben nach unten geringer.

Damit stehen uns Möglichkeiten zur Verfügung, die WAZ für einen Geschäftsprozess[21] durch Nutzung solcher Optionen unter die MTPD zu drücken. Folglich könnten wir – anstatt wie im letzten Abschnitt eine Überbrückung für einzelne *Ressourcen* vorzusehen – auch für den Geschäftsprozess als *Ganzes* entsprechend verfahren.

Die Alternativen in der obigen Aufzählung unterscheiden sich allerdings auch in den *Kosten* der Realisierung. Diese Kosten

---

[21] Genauer gesagt: die Summe aus Reaktions-, Planungs- und Wiederanlaufzeit, vgl. Abbildung 5 auf der Seite 23.

muss man an den gewichteten Schäden bei einem Ausfall (z. B. anhand der Tabelle 7 auf der Seite 62) spiegeln. Die Auswahl einer geeigneten Strategie der Wiederherstellung muss somit beide Faktoren – Zeitbedarf und Wirtschaftlichkeit – berücksichtigen. Wir behandeln dies weiter im Abschnitt 4.8.

Notbetrieb Es kann jedoch sein, dass diese Präventiv-Optionen aus technischen oder wirtschaftlichen Gründen nicht anwendbar sind – dann haben wir nur noch die Möglichkeit, den Geschäftsprozess als Ganzes mit einer Überbrückung durch einen *Notbetrieb* zu versehen. Der Notbetrieb soll dem ausgefallenen Geschäftsprozess frühzeitig etwas Leben einhauchen (wenn auch ggf. mit geringerer Performance, längeren Antwortzeiten, etc.) und zumindest solange funktionieren, bis ein vollständiger Wiederanlauf mit Rückkehr in den Normalzustand erreicht ist. Die folgende Abbildung 11 verdeutlicht die Zeitabläufe.

In der Reaktionszeit – eventuell auch erst nach T_s – wird die Notwendigkeit eines Notbetriebs erkannt, d. h. er wird angefordert (N_{-1}).

Bis die Überbrückung läuft, wird eine gewisse Vorlaufzeit ΔV benötigt. Darunter fällt die Herstellung der Betriebsbereitschaft, ggf. die Übernahme von Daten etc., bis die im Notbetrieb gewünschte Minimalfunktion aktiviert (N_0) ist.

Je nach Art der Überbrückung (z. B. bei Stromausfall der Einsatz einer USV) wird sich der Notbetrieb nicht beliebig lange durchhalten lassen (im Beispiel begrenzt durch die Batteriekapazität) – zumal der Minimalbetrieb aufgrund seiner eventuell reduzierten Leistung bereits Verluste produzieren kann.

Ein ähnliches Beispiel ist der Einsatz einer Netzersatzanlage mittels eines Dieselaggregats, bei dem die Begrenzung durch den Vorrat an Betriebsstoff (Diesel) gegeben ist.

D. h. zu einem Zeitpunkt N_1 wird der Notbetrieb beendet sein (müssen). Nun kommen die entscheidenden Fragen:

– Wie hoch ist die Vorlaufzeit ΔV zur Aktivierung der Überbrückung?

– Ist die Unterbrechung zwischen T_0 und N_0 tolerabel?

– Wie lang kann die Überbrückung maximal durchhalten? Erreicht man den Zeitpunkt T_2?

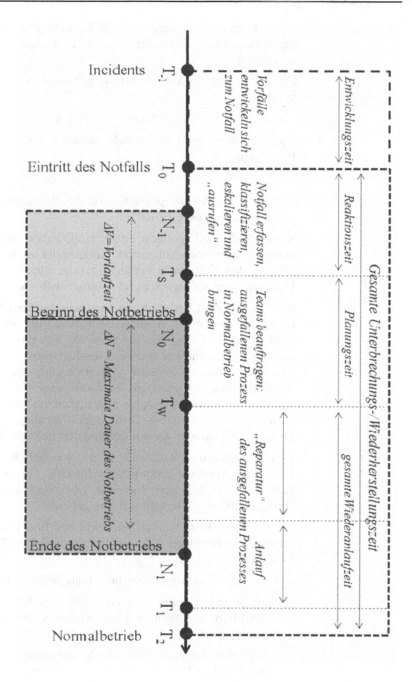

Abbildung 11:   Überbrückung durch Notbetrieb

Diese Fragen kann man auch in Formeln gießen und z. B. in Excel-Tabellen (wie unserer Tabelle 12) automatisiert durchrechnen lassen:

Die Unterbrechung von T_0 bis N_0 ist tolerabel, wenn die Bedingung 1

$$MTPD \geq N_{-1} - T_0 + \Delta V$$

gilt. Der Notbetrieb überbrückt ausreichend lange, wenn die Bedingung 2

$$N_{-1} - T_0 + \Delta V + \Delta N \geq \Delta U$$

zutrifft, wobei ΔU die gesamte Unterbrechungszeit des ausgefallenen Prozesses bezeichnet.

Wenn beide Bedingungen erfüllt sind, haben Sie einen ausreichenden Notbetrieb aufgesetzt. Andernfalls reicht es nicht – Sie müssen den Notbetrieb verlängern oder eine andere Form der Überbrückung mit ausreichender Dauer wählen.

Aber auch eine Überbrückung bzw. ein Notbetrieb benötigt natürlich Ressourcen – in allen Bereichen von der Organisation, über das Personal bis hin zur Technik. Aus diesem Grund muss der Notbetrieb ähnlich wie ein Geschäftsprozess analysiert werden. Im Grunde *ist* eine Überbrückung ein eigener Geschäftsprozess, und zwar ein *hoch-kritischer* – der allerdings nur in einem entsprechenden Ausfallszenario zur Anwendung kommt. Er entspricht im Grunde den termingebundenen kritischen Prozessen, die wir auf der Seite 66 behandelt haben.

Es stellt sich grundsätzlich die Frage, wie bei einem Ausfall von Ressourcen vorgegangen wird, die für eine *Überbrückung* unverzichtbar sind. Will man hier die Überbrückung der Überbrückung einführen? Wie weit soll das gehen?

Die Gedankenkette wird dabei kein Ende finden, aber es ist vernünftig, die für einen Notbetrieb erforderlichen Ressourcen dahingehend zu prüfen,

– ob sie vollständig erfasst und analysiert wurden,

– ob sie nicht selbst von einem zu überbrückenden Vorfall betroffen sein können bzw. wodurch ihre Unabhängigkeit gegeben ist,

– wie ihre Funktion periodisch überprüft wird (z. B. das regelmäßige Probelaufen einer NEA / eines Dieselaggregats bei der Stromversorgung), und

– ob die Dauer des Notbetriebs und die dabei ggf. verminderte Leistung des Geschäftsprozesses immer noch akzeptabel sind, wenn sich die IT-Landschaft der Organisation geändert bzw. weiterentwickelt hat.

In den vergangenen Abschnitten haben wir eine Reihe von Beispielen betrachtet, und zwar mit den Geschäftsprozessen GP1, GP2 und GP3 aus der Tabelle 3 auf der Seite 57. Wir wollen ein mögliches Gesamtergebnis zu diesen Beispielen in Tabellenform darstellen.

Tabelle 12:   Ergebnis Wiederanlaufplanung

| | | | | | Gewichtete Schäden | | | |
| | | | | | Perioden | | | |
Prozess	MTPD	WAZ	Notbetrieb (Dauer)	Redundanz	A	B	C	D
GP1					0	7	17	23
	4 h	12 h	Ja (16 h)	Datenbank als Warm Standby	X			
GP2					7	14	21	21
	8 h	24 h	-	Warm Standby	X			
GP3					0	3	10	13
	-	36 h	-	-				X

Beim Vergleich der Spalten MTPD und WAZ kann sich die Notwendigkeit ergeben, entweder einen Notbetrieb zu konzipieren oder eine Redundanz vorzusehen.

Bei GP1 ist der zeitliche Anstieg des Schadens nicht so gravierend wie bei GP2. Man könnte hier zu dem Schluss gekommen sein, dass ein Notbetrieb (mit einer technisch möglichen Dauer von 16 Stunden) die günstigste Lösung ist – und auch noch einige Reserven bietet. Dabei soll für die kritische Datenbank zusätzlich eine Redundanz konzipiert werden – der Grund liegt bei GP2, welcher ebenfalls die Datenbank nutzt. Das Kreuz „X" bei der Periode A zeigt an, dass unter Berücksichtigung von Reaktions- und Planungszeit, sowie der Vorlaufzeit für den Notbetrieb die Schäden vernachlässigbar bleiben.

Bei GP2 sieht die Sache anders aus: Aufgrund der hohen Differenz zwischen MTPD und WAZ ist man möglicherweise zu dem Schluss gekommen, dass ein ausreichend langer Notbetrieb (technisch oder wirtschaftlich) nicht realisierbar ist. Aus diesem Grund hat man sich dazu entschieden, eine Lösung des Typs Warm Standby (in der eigenen Infrastruktur) aufzusetzen, und zwar für den Geschäftsprozess als Ganzes. Damit liegt auch für die verwendete Datenbank eine zusätzliche Redundanz vor. Da die Umschaltzeit auf diese Ersatzlösung deutlich unter der MTPD von 8 h liegen dürfte, landet man stets in der Periode A, was den Schadenaufriss anbetrifft.

Bei GP3 ist keine MTPD angegeben worden, die WAZ mit 36 h und der dann ggf. resultierende Schaden (Punktzahl 13) werden noch als akzeptabel bewertet. Damit ist hier im Grunde nichts zu tun.

Fazit　Fassen wir zusammen: Durch die skizzierten Tabellenkonstrukte kann man sich einen guten Überblick verschaffen,

– welche Geschäftsprozesse kritisch sind bzw. wie sich die Kritikalität im zeitlichen Verlauf darstellt und

– welche Reihenfolge bei der Wiederherstellung von Prozessen somit sinnvollerweise gewählt werden sollte,

– wie die MTPD und die ermittelten Wiederanlaufzeiten im Vergleich aussehen und

– wo ggf. zusätzlich präventive Maßnahmen (Redundanz) vorzusehen sind oder ein Notbetrieb aufzusetzen ist.

Die gesamte Analyse wird natürlich umfangreich, wenn man viele Prozesse und viele Risiken zu betrachten hat. Auch die Analyse der Reihenfolge der Wiederherstellung wird schwieriger – zumal dann, wenn noch Prozessabhängigkeiten zu berücksichtigen sind, die wir bei unseren Überlegungen bisher mehr oder weniger ausgeklammert haben.

4.6 Prozessabhängigkeiten

Die bisherigen Analysen und Auswertungen gehen im Wesentlichen davon aus, dass die verschiedenen Geschäftsprozesse einer Organisation *isoliert* betrachtet werden können. In der Praxis ist dies aber eher selten der Fall, d. h. es bestehen Abhängigkeiten zwischen den Prozessen.

Diese Abhängigkeiten können unterschiedliche Ursachen haben:

- Es bestehen Datenflüsse zwischen den Prozessen, d. h. ein Prozess *erhält* Daten von anderen Prozessen, *liefert* seinerseits Daten an andere Prozesse.

- Es bestehen *Dienstleistungsbeziehungen* zwischen Prozessen, d. h. Prozesse erledigen Aufträge, die sie von anderen Prozessen erhalten.

- Es besteht eine Reihung, d. h. Prozesse laufen in einer *bestimmten Reihenfolge* ab. Diese Reihenfolge kann zeitlich oder kausal bedingt sein.

Der erste Anstrich stellt im Grunde einen Spezialfall des zweiten dar. *Kausal* im dritten Anstich meint, dass ein Prozess dann aktiv wird, wenn bestimmte Bedingungen erfüllt sind. Bei Prozessen etwa, die schrittweise eine Produktion steuern, kann der Folgeprozess erst anlaufen, wenn der vorhergehende seinen Produktionsschritt erfolgreich abgeschlossen hat. Dies muss nicht zwangsläufig nach der Zeit synchronisiert sein, sondern richtet sich einfach nach dem Produktionsfortschritt.

Eine typische *kausale Reihung* ergibt sich in der IT immer dann, wenn Ressourcen (z. B. Speicherbereiche) von mehreren Prozessen genutzt werden sollen, dies aber – wegen der Vermeidung von Zugriffskonflikten oder auch aus Gründen der Datenkonsistenz oder Transaktionssicherung – nur nacheinander erfolgen darf. Hier arbeitet man mit *Anfordern* und *Freigeben*, d. h. ein Betriebssystem gibt auf Anforderung eine Ressource zur Nutzung frei, sobald kein anderer Prozess sie nutzt. Andernfalls wird der anfordernde Prozess solange verzögert, bis die Ressource frei ist.

Prozesse, die weder über Dienstleistungsbeziehungen noch über eine Reihung miteinander verbunden sind, sind im Grunde unabhängig voneinander, d. h. sie können *isoliert* betrachtet werden!

Betrachten wir ein einfaches Beispiel-Szenario gemäß der folgenden Abbildung, bei dem ein *kritischer* Geschäftsprozess P bei einem Prozessschritt 4 einen Input eines anderen Prozesses Q erhält, seinerseits im Prozessschritt 6 Output an einen weiteren Prozess T abliefert.

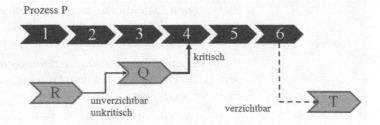

Abbildung 12:   Prozessabhängigkeiten (Beispiel)

Die Abbildung deutet an, dass Q einen für P kritischen Input liefert. Entsprechend unserem Vorgehen in den vorausgehenden Abschnitten stellen wir fest, dass P somit Q als kritische (und damit unverzichtbare) Ressource benötigt. Die Kritikalität von P vererbt sich somit auf Q.

Damit lässt sich eine allgemeine Vererbungsregel wie folgt festlegen:

Liefert Prozess B einen für Prozess A unverzichtbaren Input, so vererbt sich die Kritikalität von A auf B.

Hinweis: Der Prozess Q könnte aus anderen Gründen bereits eine Kritikalität besitzen, so dass diese und die vererbte Kritikalität miteinander verrechnet werden müssen. Vergleichen Sie hierzu nochmal die Ausführungen auf der Seite 71.

P als kritischer Prozess liefert einen Output an T. Der Abbildung ist jedoch nicht entnehmbar, wie die Übergabe erfolgt. Dies kann entweder

– *synchron* erfolgen, d.h. P und T warten aufeinander bzw. auf einen geeigneten Status – erst dann findet die Übergabe statt, oder

– *asynchron* erfolgen, d. h. P liefert seinen Output ab, ohne sich um den Zustand von T zu kümmern.

Die Angabe „verzichtbar" bei T in der Abbildung deutet allerdings eher auf den Fall *asynchron* hin. Wäre T ein Prozess mit einer Kritikalität > 0 und müsste auf P warten, wäre der Output von P dann doch wohl als kritisch anzusehen.

Bei asynchroner Übergabe vererbt sich die Kritikalität von P *nicht* auf T, da in unserem Beispiel P nicht auf T warten muss.

Bei synchroner Übergabe könnte jedoch der Fall eintreten, dass T den eingehenden Input nicht verarbeiten kann (weil anderweitig ausgelastet) und somit P quasi *blockiert*. Dies hätte ggf.

unzulässige zeitliche Ausfälle bei P zur Folge, mit anderen Worten: Hier vererbt sich die Kritikalität von P auf T.

Wir müssen deshalb in unserer Prozesskette jeweils „nach vorne" (Output) und „nach hinten" (Input) schauen und ggf. Kritikalitäten vererben.

Fazit Davon abgesehen wenden wir hinsichtlich der Kritikalität bei abhängigen Prozessen im Grunde die gleiche Systematik an wie für jede andere Ressource eines Geschäftsprozesses.

Dies gilt auch für die Bilanzierung der Wiederanlaufzeiten, das Problem der Parallelität bzw. Reihenfolge beim Wiederanlauf und die Konzeption von Redundanz oder Notbetrieb sowie den Nutzungsgrad.

4.7 Tool-Unterstützung

In den vorhergehenden Abschnitten haben wir für die Analyseschritte bei der BIA einfache Tabellen angewendet. In den OnlinePLUS-Materialien[22] zu diesem Buch finden Sie diese Tabellen. Im Internet findet man unter den Stichwörtern „Business Impact Analysis" und „Templates" weitere Vorlagen dieser Art (teilweise kostenfrei).

Wenn Ihnen dieser Zugang über Tabellen angenehm ist, können Sie von den Beispielen dieses Buches ausgehend die Tabellen erweitern und komfortabler machen – z. B. eine automatische Verbindung zu Ihrer Prozessübersicht, zu der Tabelle der assets / Informationswerte oder auch zur Risikoanalyse herstellen. Letztlich bedeutet das, dass Sie für Ihre Organisation ein eigenes Tool herstellen. Das hat den Vorteil, dass man „klein" anfangen und schrittweise erweitern kann – das Ganze in einer auf Ihre Organisation optimal passenden Form.

Was kommerzielle Tools speziell für die BIA anbetrifft, sieht es zumindest im deutschsprachigen Bereich eher bescheiden aus. Im angelsächsischen Sprachraum findet man jedoch eine Vielzahl von Tool-Angeboten. Meist besteht die Intention, die BIA nicht isoliert, sondern im Zusammenhang mit anderen wichtigen Sicherheitsanalysen (z. B. die Risikoanalyse und -bewertung, Schwachstellenanalyse) in ein Tool für die gesamte Sicherheit anzubieten, zumindest aber das Business Continuity Management

---

[22] www.viewegteubner.de, das vorliegende Buch suchen und auf das OnlinePLUS-Logo „O+" klicken

(BCM) als Ganzes abzudecken – was sich auch im Preis dieser Tools niederschlägt. Zu den BCM-Tools und anderen finden Sie weitere Hinweise im Abschnitt 10.3.

4.8 Die Kontinuitätsstrategie

Bei unseren Beispielen kam schon häufiger die Überlegung zum Zug, bei sehr kritischen Prozessen oder Ressourcen präventiv Redundanzen einzubauen oder bei der Notfallbewältigung eine Überbrückung durch einen Notbetrieb einzuplanen. Insbesondere bei vorhandener Redundanz wird die Kritikalität verteilt und für den Wiederanlauf der ausgefallenen Ressource steht mehr Zeit zur Verfügung. Da jede solcher Maßnahmen Aufwand (Zeit, Geld, Manpower etc.) zur Folge hat, stellt sich neben der Notfallplanung auch immer die Frage nach der *Wirtschaftlichkeit*.

Die Kosten für solche Maßnahmen müssen in einem sinnvollen (wirtschaftlichen) Verhältnis zur Schadenreduktion stehen. Das Problem ist nur, dass bei der Beurteilung der Wirtschaftlichkeit die Schadenhöhe *pro Notfall* dazu nicht ausreicht, vielmehr geht auch die Häufigkeit solcher Vorfälle in die Betrachtung ein. Damit sind wir wieder beim *Risiko* und nicht mehr bei den Schäden allein.

Folglich betrachten wir *präventive* Maßnahmen (um die Risiken zu mindern) wie auch *reaktive* Maßnahmen der Notfallbewältigung (um Schäden zu begrenzen).

Die Diskussion von Risiken und präventiven Maßnahmen haben wir schon dem Sicherheitsmanagement und dem Sicherheitskonzept bzw. dem Notfallvorsorgekonzept angelastet.

Die reaktive Seite fußt vor allem auf der Schadenanalyse, also unserer Betrachtung von *Kritikalität*.

Kontinuitäts-strategie

Eine sinnvolle Synthese beider Facetten wird in der Praxis nur gelingen, wenn es eine übergeordnete Strategie gibt, die einheitlich auf die betrachteten Prozesse und Ressourcen angewendet werden kann. Man spricht hier auch von *Kontinuitätsstrategien*.

Da ja die Verantwortung für alle Schäden und Risiken letztlich bei der Leitung der Organisation liegt, müssen solche Strategien auch dort beschlossen werden – was zur Folge hat, dass man nicht sehr ins Detail gehen kann und vereinfachen muss. Im Grunde geht es um eine Balance zwischen Prävention und Reaktion:

– Präventive Maßnahmen verursachen dauernd (= unabhängig vom Eintritt eines Vorfalls) Aufwand und Kosten, reduzieren aber generell die Risiken.

– Reaktive Maßnahmen verursachen Aufwand / Kosten vor allem beim Eintritt von gravierenden Vorfällen, können aber die Eintrittshäufigkeit nicht mindern.

Wir schauen uns nochmal die Strategieoptionen an, die wir für das Szenario des Ausfalls einer Ressource haben, bei der wir die Kritikalität etwa nach der Tabelle 8 (Seite 63) durch Stufen bewertet haben.

Kritikalität 3 verursacht bereits exorbitante Schäden, so dass es sinnvoll sein wird, viel in die Prävention zu stecken, um eine solche Kritikalität gar nicht erst zu erreichen. Somit könnte man als Strategieoption festlegen:

– Bei Kritikalität 3 wird generell ein Hot Standby eingerichtet.

Hot Standby[23] meint dabei eine bereits in der Einsatzumgebung des Prozesses integrierte laufende *Sekundär*-Ressource, auf die bei Ausfall der entsprechenden *Primär*-Ressource automatisch und mit geringstmöglichem Zeitverlust umgeschaltet wird.

Es kann sein, dass auch niedrigere Kritikalitäten mit einer entsprechenden präventiven Strategie versehen werden, z. B.

– Bei Kritikalität 2 wird (generell oder nur bei bestimmten Ressourcen) ein Warm Standby[24] eingerichtet.

– Bei Kritikalität 1 wird (generell oder nur bei bestimmten Ressourcen) ein Cold Standby[25] eingerichtet.

---

[23] Typische Beispiele für ein *Hot Standby* sind ein vollständiges (laufendes) Parallel-Rechenzentrum – oder: zwei gespiegelte Server, auf denen kritische Anwendungen 1:1 gedoppelt sind (hierfür ist natürlich auch eine Dopplung der benötigten Daten notwendig, z. B. durch eine kontinuierliche Online-Replikation) - oder: Plattensysteme in einem RAID-Verbund, bei denen bei Defekt einer Platte oder bei Defekt einzelner Sektoren automatisch die Daten von einer anderen Platte genommen werden.

[24] *Warm Standby*: Einrichtung einer bereits im Betrieb des Prozesses integrierten laufenden Ressource, auf die ggf. noch manuell umgeschaltet werden muss; die zur Verfügung stehenden Daten haben nicht zwangsläufig den letzten Stand.

Man erkennt, dass bei diesen Beispielen die Kontinuitätsstrategie direkt von den Kritikalitätsstufen abgeleitet wird.

Da das Vorhalten solcher Ersatz-Ressourcen (cold – warm – hot) eine präventive Sicherheitsmaßnahme für das Ziel der Verfügbarkeit ist, finden solche Maßnahmen Eingang in das Sicherheitskonzept bzw. Notfallvorsorgekonzept.

Aber auch bei der Krisenbewältigung spielt die Kontinuitätsstrategie eine Rolle: Im Beispiel oben würde bei Kritikalität 3 und installiertem Hot Standby der Ausfall eines Primär-Systems eben noch keinen GAU darstellen, weil das Sekundär-System ohne wesentliche Verzögerung einspringt, d. h. bei dieser Strategie hat man Zeit gewonnen, um das Primär-System wieder betriebsbereit zu machen. Ein Hot Standby liefert also im Grunde eine Überbrückung.

Ein *zeitkritisches* Wiederanlauf-Szenario würde sich erst bei Cold und Warm Standby ergeben. Die Verbringung in die Einsatzumgebung, Konfiguration und Start, Datenzuführung etc. kosten eben Zeit – während die „Schadenuhr" bereits tickt.

Notfall-Leitlinie

Will man eine – wie auch immer geartete – Kontinuitätsstrategie anwenden, ist es Aufgabe der Leitung der Organisation, diese schriftlich festzulegen und dem Notfallmanagement die entsprechende Realisierung aufzugeben. Solche grundsätzlichen Vorgaben haben einen guten Platz in einer *Notfall-Leitlinie*.

Wirtschaftlichkeit

Untersuchen wir noch die Frage der Wirtschaftlichkeit:

Bei präventiven Maßnahmen ist dies vergleichsweise einfach, da die Kosten K(M) für eine Redundanzmaßnahme M der Risikoreduktion ΔR_M gegenübergestellt werden können. ΔR_M ergibt sich dabei als Differenz des Risikos R_1 vor Einführung von M und des verbleibenden Restrisikos R_2 nach Einführung von M. Alle Größen werden über einen bestimmten Zeitraum, z. B. jährlich, „gemessen"[26].

---

[25]   *Cold Standby*: Einfügen einer auf Lager gehaltenen Ressource, die in die Betriebsumgebung verbracht, evtl. noch konfiguriert und auf die ggf. noch manuell umgeschaltet werden muss. Dies kann auch z. B. in der Sphäre eines Dienstleisters geschehen.

[26]   Bei der Kostenbetrachtung müssen deshalb die investiven und laufenden Kosten der Maßnahme M auf eine bestimmte Anzahl von Jahren („Nutzungsdauer") verteilt werden.

Die Wirtschaftlichkeit von M aus *präventiver Sicht* ist gegeben, wenn $\Delta R_M \geq K(M)$ gilt. Dies ist jedoch nur eine Zwischenbetrachtung, da die reaktive Seite noch fehlt.

Bei der *Notfallbewältigung* haben wir ohne Einsatz von M Kosten K mit folgenden Bestandteilen:

- ein fester Anteil K_0 (Kosten der Notfallplanung)

- ein laufender Anteil K_L (Kosten des Notfallmanagements, aber auch z. B. für Notfallübungen)

- die Kosten (Aufwand) K_W für die Durchführung eines Wiederanlaufs

Bezeichnen wir mit u den Umlagefaktor für die Gemeinkosten, so haben wir mit der Formel $K = u \ (K_0 + K_L) + K_W$ die Gesamtkosten für die Bearbeitung eines Notfalls.

Nach dieser Formel berechnen wir die Kosten K_1 für den Wiederanlauf ohne die Maßnahme M, sowie die Kosten K_2 für den Wiederanlauf bei realisierter Maßnahme M.

Wir können bilanzieren und feststellen, dass wir ohne die Maßnahme M insgesamt Kosten bzw. Risiken von $R_1 + K_1$, unter Einsatz der Maßnahme M als Summe $R_2 + K_2$ haben[27]. Beim Vergleich stellen wir nun fest, ob die Einführung von M wirtschaftlich ist.

Diese Überlegung ist – man muss es zugeben – zunächst sehr theoretisch, da man nicht immer die in die Formeln eingehenden Größen genau ermitteln bzw. miteinander vergleichen kann[28].

Eine *vereinfachte* Abwägung zeigt das folgende Beispiel für die Bilanzierung beim Ausfall des Geschäftsprozesses GP1 aus unseren früheren Tabellen (vgl. Tabelle 7). Dabei wird unterstellt, dass wir

---

[27] Die durch einen Ausfall verursachten Schäden haben wir in unseren Tabellen in Form von „gewichteten Schäden" erfasst, sie sind aber im Risiko R_1 bereits enthalten.

[28] Es biete sich an, sowohl für die Risikoanalysen als auch die Kritikalitätsanalysen eine Methode zu verwenden, in der z. B. Schäden, Häufigkeiten und Zeitperioden nach gleichen Maßstäben festgelegt werden. Eine Weiterentwicklung des IT-Grundschutzes könnte hier sehr hilfreich sein, da sich mit den Schutzbedarfsklassen einerseits und dem Ansatz mit Kritikalitätsstufen andererseits eine Vergleichbarkeit herstellen lassen müsste.

- dessen Risiken monetär abschätzen können (Eintrittshäufig-keit p.a. x Schadenhöhe pro Fall bei Wiederanlaufszenario ohne Präventionsmaßnahme) und

- die Punktzahlen aus der Schadenanalyse mit 1.000 € pro Punkt bewertet wurden.

Tabelle 13: Beispiel zur Wirtschaftlichkeit

Risiko R_1	Maßnahme M	Kosten K(M)	Restrisiko R_2	ΔR_M	ΔR_M - K(M)
100.000	Hot Standby	75.000	5.000	95.000	20.000
	Warm Standby	30.000	20.000	80.000	50.000
	Cold Standby	20.000	50.000	50.000	30.000

Maßnahme M	K_1	Gew. Schaden	Gesamt-Kosten	Kritikalitäts-Gewinn	K-Gewinn bewertet
Hot Standby	15.000	0	15.000	23 ➔ 0	23.000
Warm Standby	25.000	7.000	32.000	23 ➔ 7	16.000
Cold Standby	30.000	17.000	47.000	23 ➔ 17	6.000

Maßnahme M	Kosten	Gewinne	Bilanz
Hot Standby	90.000	118.000	28.000
Warm Standby	62.000	96.000	34.000
Cold Standby	67.000	56.000	-11.000

Man erkennt aus der *ersten Tabelle*, dass alle vorgeschlagenen Maßnahmen aus präventiver Sicht wirtschaftlich sind, die Maß-nahme Warm Standby jedoch im Vergleich am besten abschnei-det (vor Cold und Hot Standby).

In der *zweiten Tabelle* werden die (geschätzten) Wiederanlauf-kosten K_1 zu den Ausfallkosten bzw. gewichteten Schäden (Tabelle 7) addiert, sowie der Kritikalitätsgewinn – im Vergleich zum Szenario ohne Redundanzmaßnahme – ermittelt.

Man erkennt an der Spalte „Kritikalitätsgewinn", wie sich in un-serem Beispiel offensichtlich die Maßnahme M auswirkt: Der Wiederanlauf wird jeweils kürzer, bei Hot Standby von Periode D auf A, by Warm Standby von D auf B, bei Cold Standby von D auf C.

Addiert man nun Kosten und Gewinne je Maßnahme, stellt man fest, dass sich die Präferenz für Warm Standby bestätigt – wenn auch der Unterschied zu Hot Standby nicht mehr so gravierend ausfällt; definitiv ist allerdings ein Cold Standby aus dem Rennen.

5 Notfallvorsorge (Prävention)

Bei der Prävention geht es um solche Maßnahmen, die die *Risiken* für den Eintritt eines Notfalls reduzieren. Beachten Sie dabei, dass die Höhe des Risikos durch Eintrittswahrscheinlichkeit *und* Schadenhöhe bestimmt ist.

Im Grunde sind damit alle Maßnahmen zu nennen, die gegen den Verlust Vertraulichkeit, Verfügbarkeit und Integrität wirken sowie zur Erfüllung anderer Ziele (etwa Compliance) dienen. Denn jede Beeinträchtigung solcher Ziele kann einen Schaden produzieren, darunter möglicherweise auch gravierende oder existenzbedrohende Schäden. Im Hinblick auf Thema *Verfügbarkeit* fallen unter präventive Maßnahmen auch solche, die sich aus einer ggf. vorhandenen Kontinuitätsstrategie (s. Abschnitt 4.8) ergeben.

Man kann die präventiven Maßnahmen grob in folgende Kategorien einteilen:

– Strategie, Recht und Organisation

– Personal, Awareness, Kommunikation

– Infrastruktur (Liegenschaft, Gebäude, Versorgungen)

– IT (Komponenten, Systeme, Anwendungen, Netze)

– Prozesse (inkl. Maßnahmen zur Überbrückung und zum Notbetrieb)

Diese präventiven Maßnahmen finden Eingang in das Sicherheitskonzept bzw. in das *Notfallvorsorgekonzept* (vgl. Abschnitt 6.3).

Hinweis: Die Management-orientierten Maßnahmen zur *Bewältigung* von Notfällen werden wir in den Kapiteln 7 und 8 behandeln. Alle Maßnahmen, die diese reaktive Notfallbewältigung betreffen, sortieren wir in das *Notfallkonzept* (vgl. Abschnitt 9.1) ein.

5.1 Vorsorgemaßnahmen nach ISO 27001/27002

In Abschnitt 2.3 wurde bereits eine kurze Einführung in die Normen der Reihe ISO 27000 gegeben. Wir wollen nun konkreter darstellen, welche Maßnahmenziele und Anforderungen aus den

Normen ISO 27001 und ISO 27002 für das Notfallmanagement von Bedeutung sein können. Die Reihenfolge der Darstellung richtet sich dabei nach dem Auftreten der einzelnen besprochenen Aspekte in der ISO 27001, Anhang A. Auch die Darstellung in der ISO 27002 folgt dieser Anordnung.

ISO 27002

Die ISO 27002 wurde im Abschnitt 2.3 nicht explizit behandelt; sie ist ein *code of practice* (zu übersetzen etwa als Anleitung für die Praxis), insbesondere für den Anhang A der ISO 27001.

Anmerkung: Die nachfolgend genannten Kürzel, z. B. A.8 oder A.8.2.2 beziehen sich auf das Ordnungsmerkmal in der ISO 27001. Das zugeordnete Ordnungsmerkmal aus der ISO 27002 findet man, wenn "A." weggelassen wird.

Personelle Sicherheit

Im Regelungsbereich *A.8 Personelle Sicherheit* ist der Aspekt Sensibilisierung, Ausbildung und Schulung von Bedeutung (A.8.2.2). Sensibilisierungsmaßnahmen sind geeignet, um die Aufmerksamkeit der Mitarbeiter auf Notfälle zu richten. Dies kann erforderlich sein, wenn ein Notfall aus vergleichsweise geringem Anlass entstehen kann (etwa nach dem Prinzip kleine Ursache – große Wirkung). Dann ist es wichtig, dass Mitarbeiter auch diesen kleinen Ursachen Beachtung schenken und z. B. eine Meldung erfolgt. Sensibilisierungsmaßnahmen sollten periodisch wiederholt werden. Ausbildung und Schulung sind erforderlich, um im Notfall zielgerichtet handeln zu können. Man beachte, dass es hierbei nicht nur um Kenntnisse geht, sondern auch um die praktische Umsetzung der Kenntnisse, nicht nur um Wissensvermittlung, sondern auch um praktische Übung (Training). Bei der Festlegung konkreter Inhalte sollte beachtet werden, dass von verschiedenen Mitarbeitern im Notfall durchaus auch verschiedenes Verhalten erwartet wird. Auf den Nutzer eines IT-Systems kommen andere Pflichten zu als auf den Administrator dieses IT-Systems.

Organisations-eigene Werte

Auch die *Rückgabe von organisationseigenen Werten (A.8.3.2)* kann für das Notfallmanagement von Bedeutung sein. Insbesondere sind Schlüssel und Authentisierungsmittel, die bei der Notfallbehandlung eine Rolle spielen, von Mitarbeitern, die die Organisation verlassen, zurückzugeben. Der Aspekt, dass Mitarbeiter die Organisation verlassen, sollte bereits bei der Notfallplanung berücksichtigt werden. Für ausscheidende Mitarbeiter, die Notfall bisher Verantwortung getragen haben, muss übergangsweise eine Vertretung benannt sein, auf längere Sicht muss die Verantwortung natürlich dauerhaft auf eine andere Person übertragen werden. Im Zusammenhang mit der angesprochenen

Rückgabe müssen die zurückgegebenen Gegenstände an die Vertretung oder an die neu benannte verantwortliche Person übergeben werden.

Infrastruktur-
sicherheit

Obwohl der Regelungsbereich *A.9 Physische und umgebungs-*
bezogene Sicherheit keinen unmittelbaren Bezug zum Notfall-
management zu haben scheint, möchten wir auf einige Aspekte besonders hinweisen. Während eines Notfalles richtet sich die Aufmerksamkeit naturgemäß eher auf den Notfall selbst und seine Behebung. Damit einher geht meist ein umfangreicher Kontrollverlust, z. B. kann die Einteilung in Sicherheitsbereiche temporär verändert oder ganz aufgehoben sein, oder die Zu-
gangsregelungen sind andere. Es könnte eine Anweisung geben, im Notfall das Büro zu verlassen und die Tür nicht zu schließen. Bei der Notfallplanung sollte daher auf die physische und umge-
bungsbezogene Sicherheit Rücksicht genommen werden. Dies kann zum Beispiel durch ein iteratives Vorgehen erreicht wer-
den. Im ersten Schritt wird der Notfallplan aufgestellt, ohne dass der physischen und umgebungsbezogenen Sicherheit besondere Aufmerksamkeit gewidmet wird. Im zweiten Schritt wird geprüft, ob der Notfallplan aus dem ersten Schritt Lücken hinsichtlich dieses Regelungsbereiches aufweist. Dann können die erkannten Lücken geschlossen werden. Ist das nicht möglich, kann we-
nigstens eine Bewertung der Lücken vorgenommen werden.

Zugangskontrolle

Aus dem Regelungsbereich *A.11 Zugangskontrolle*[29] soll ein weiterer Punkt herausgegriffen werden, der Aspekt der Verwaltung von Sonderrechten (A.11.2.2). Zur Behandlung von Notfäl-
len kann es erforderlich sein, Mitarbeitern temporär besondere Zugangs- und Zugriffsprivilegien zu erteilen. In solchen Fällen muss der Notfallplan zwingend und kontrollierbar vorsehen, dass die temporär erteilten Privilegien nach Rückkehr zum Normalbetrieb wieder entzogen werden. Die Kontrolle, ob dies auch ge-
schehen ist, sollte als Regelaufgabe im Zuge der Rückkehr zum Normalbetrieb verankert sein.

Auch in der Kategorie *Zugangskontrolle zu Netzen (A.11.4)* gibt es analoge Sachverhalte, so dass es auch hier wichtig sein kann, ggf. im Zuge der Notfallbewältigung eingetretene Ausnahme-
zustände wieder in den Regelbetrieb zurückzuführen.

---

[29] In der Norm fällt unter *access control* die Kontrolle von Zugang (= Nutzung), Zugriff und Zutritt; in der deutschen Normfassung wird dennoch nur mit *Zugangskontrolle* übersetzt.

Incident Management

Der Regelungsbereich *A.13 Umgang mit Informationssicherheitsvorfällen* ist in unserem Zusammenhang vollständig relevant, denn ein Notfall kann als eine besondere Art von Informationssicherheitsvorfällen angesehen werden. Insofern verdienen alle Maßnahmenziele und Anforderungen aus diesem Bereich Aufmerksamkeit. Bereits im Abschnitt 2.1 wurde der Begriff Incident Management erläutert, und wir kommen später noch ausführlich im Kapitel 7 darauf zurück. Hier wollen wir die Verbindung zur ISO 27001/2 herstellen und aufzeigen, dass sich das Notfallmanagement nahtlos in das ISMS einfügt.

Melden von Informationssicherheitsereignissen (A.13.1.1)

Wegen der besonderen Wichtigkeit von Notfällen und insbesondere ihrer zügigen und zielgerichteten Bearbeitung sollte es nicht nur einen speziellen Meldeweg geben, sondern dieser sollte kurz sein, sich also nur über wenige Instanzen erstrecken, allgemein bekannt, stets (also insbesondere im Notfall) verfügbar und nicht zugangsbeschränkt sein. Am besten ist es, wenn es genau *eine* Instanz (Notfallzentrale) gibt, die im Notfall zu benachrichtigen ist, wobei unerheblich sein sollte, um was für einen Notfall es sich handelt. Die Notfallzentrale sollte auf mehreren, voneinander unabhängigen Wegen erreichbar sein. Insbesondere sollte sie nicht nur über das Festnetz, sondern auch über das Mobilfunknetz erreichbar sein, sowohl auf der Empfänger-, als auch auf der Senderseite. Zu beachten ist, dass Mobilfunkgeräte vom Stromnetz unabhängig sind (solange die Akkuladung reicht!), Festnetzgeräte jedoch meist nicht. Selbst wenn Endgeräte über ein LAN stromversorgt werden, ist für den Betrieb der dahinterliegenden Server oder Switches das Stromnetz erforderlich. Die Information, wie die Notfallzentrale zu erreichen und wo sie lokalisiert ist (!), sollte als Aushang an jedem Arbeitsplatz bekannt gemacht sein. Auch sollte der Aushang die Art der Information aufzählen, die bei der Meldung eines Notfalls erwartet wird.

Melden von Sicherheitsschwachstellen (A.13.1.2)

Dieses Maßnahmenziel hat in unserem Zusammenhang keine oder nur untergeordnete Bedeutung. Immerhin kann es vorkommen, dass während der Notfallbehandlung Schwachstellen existieren. Dies ist erstens kein Aspekt der Prävention und zweitens sind im Notfallplan beim Übergang in den Normalbetrieb Schritte vorzusehen, mit denen solche Schwachstellen geschlossen werden. Die Tatsache, dass während der Notfallbehandlung das Sicherheitsniveau temporär abgesenkt sein kann, begegnete uns schon in den Regelungsbereichen A.9 und A.11 weiter oben.

Verantwortlichkeiten und Verfahren (A.13.2.1)

Hier geht es im Kern um eine schnelle, effektive und planmäßige Reaktion auf Informationssicherheitsvorfälle, in unserem Fall speziell auf Notfälle. Die geforderte Planmäßigkeit der Reaktion weist in die Richtung des Notfallplans. Grundzüge der Notfallplanung wurden in Abschnitt 2.1 erläutert, Ausführungen zur Einordnung der Notfallplanung in die ITIL-Prozesse finden sich in Abschnitt 2.6. In Abschnitt 9.4 gehen wir nochmals auf den Notfallplan ein, dann unter dem Blickwinkel der Dokumentation.

Inhaltlich sollte ein Notfallplan vier Fragenkreise abdecken:

– Um was für einen Notfall handelt es sich? Hier ist unter anderem die Abgrenzung zu anderen Vorfällen, aber auch die Abgrenzung zu anderen Notfällen von Bedeutung, mit anderen Worten: welche Art von Notfällen wird in diesem speziellen Notfallplan behandelt?

– Wie wird der Notfall erfasst und aufgezeichnet? Hier geht es insbesondere um die Pflichten der Meldestelle (Notfallzentrale). Wir werden aber weiter unten beim Sammeln von Beweisen sehen, dass die Frage, welche Fakten bezüglich eines Notfalls aufgezeichnet werden sollten, einer sorgsamen Überlegung bedarf.

– An wen wird der Notfall kommuniziert? Obwohl es der Organisation obliegt, eine oder mehrere Meldestellen für Notfälle einzurichten, empfehlen wir, hier nur eine Stelle vorzusehen. Aus Sicht des meldenden Mitarbeiters, aber auch aus Sicht der Organisation hat ein solches Vorgehen viele Vorteile, freilich auch den Nachteil, dass diese Stelle ständig verfügbar sein muss. Dieser Aspekt könnte aber für jede Meldestelle gelten. In der Notfallzentrale läuft jede Meldung eines Notfalls auf, so dass von hier aus die weitere Kommunikation erfolgen kann. Dazu sind redundante Kommunikationskanäle vorzusehen. Adressaten der Kommunikation sind das eigene Management, der Krisenstab – aber auch ggf. staatliche Stellen und Hilfsorganisationen. Es ist festzulegen, wer auf welchem Weg (besser: auf welchen alternativen Wegen, Reihenfolge vorgeben) zu benachrichtigen ist und was zu tun ist, wenn eine bestimmte Person oder Stelle nicht erreicht werden kann.

–   Wie wird der Notfall bearbeitet? Hier ist Schritt für Schritt zu beschreiben, was zu tun ist, um die Auswirkungen des Notfalles zu begrenzen, ggf. eine Ausbreitung zu verhindern, die Kontrollgewalt zurückzuerlangen und zum Normalbetrieb zurückzukehren. Neben der sich dadurch repräsentierenden Ablauforganisation ist es aber ebenso wichtig festzulegen, wer wann das Direktionsrecht übernimmt, wodurch die Notfallorganisation eine hierarchische Struktur erhält. Wenn staatliche Stellen oder Hilfsorganisationen an der Notfallbewältigung beteiligt sind, muss die Art und Weise der Zusammenarbeit definiert sein. Dies alles gehört zu den Rahmenbedingungen, die erfüllt sein müssen, damit im Notfall schnell, sicher und zielorientiert gehandelt werden kann, denn Zeit ist zum kostbarsten Gut geworden.

Lernen aus Informationssicherheitsvorfällen (A.13.2.2)

Eingetretene Notfälle müssen ausgewertet werden, um daraus zu lernen. Aus diesem Grund sind Aufzeichnungen über den Notfall zu führen. Dabei muss eine Balance gefunden werden zwischen dem, was bereits im Verlauf des Notfalls aufgezeichnet werden soll, und dem, was erst im Anschluss an die Rückkehr zum Normalbetrieb aufgezeichnet wird. Das Führen von Aufzeichnungen gehört zur Notfallbearbeitung, und die Einzelheiten dazu sind im Notfallplan anzugeben.

Durch die Aufzeichnungen sollten unter dem Gesichtspunkt des Lernens folgende Fragen beantwortet werden: Um welchen Notfall handelte es sich? Wie entstand der Notfall? Was war Ursache des Notfalls? Hätte der Notfall vermieden werden können? Wodurch? Sind die Auswirkungen des Notfalls zwingend eingetreten? Hätte das Ausmaß verringert werden können? Wie? Wodurch? Erfolgte die Meldung rechtzeitig? Warum erfolgte die Meldung verzögert? Wurde der Notfall gemäß Notfallplan behandelt? Welche Abweichungen gab es? Warum? Welche Folgen hatte der Notfall für die Organisation?

Aus jeder Antwort kann die Organisation potenziell lernen, besser für Notfälle gerüstet zu sein. Die Auswertung von Notfällen kann insbesondere zur Änderung eines oder mehrerer Notfallpläne führen, zur Verbesserung der Schulungsunterlagen, zur Anpassung der BIA und zur Definition von Vorbeugemaßnahmen.

Sammeln von Beweisen (A.13.2.3)

Ein aufgetretener Notfall kann als Folge Konflikte nach sich ziehen, die es zu bestehen gilt. Da im Allgemeinen durch den Notfall ein Schaden entstanden ist, steht die Frage des Schadenersatzes im Raum. Wenn menschliches Versagen im Spiel war, kann sich die Frage nach fahrlässigem oder grob fahrlässigem Verhalten stellen. Um Ansprüche zu stellen, aber auch um unberechtigte Ansprüche abzuwehren, sind Beweise erforderlich. Deshalb wird das Sammeln von Beweisen hier thematisiert. Es ist dafür zu sorgen, dass genaue und vollständige Fakten gesammelt und sicher aufbewahrt werden.

Da die Konflikte auch zu gerichtlichen Auseinandersetzungen führen können, sollten die gesammelten Fakten Beweiskraft haben. Dazu gehört auch der Nachweis, dass eine nachträgliche Änderung der gesammelten Fakten nicht stattgefunden hat.

Diese Punkte sollten bedacht werden, wenn im Notfallplan das Anfertigen von Aufzeichnungen oder das Sammeln von objektiven Nachweisen thematisiert wird. Es geht nicht um "kriminaltechnische Ermittlungen", sondern eher darum zu berücksichtigen, dass Aufzeichnungen zum Notfall und gesammelte Fakten auch die Qualität eines verwertbaren Beweises zukommen sollte.

Business
Continuity

Der Regelungsbereich *A.14 Sicherstellung des Geschäftsbetriebs* ist ebenfalls in Gänze von Bedeutung für das Notfallmanagement, insbesondere unter dem Aspekt der planmäßigen Rückkehr zum Normalbetrieb. Der Schwerpunkt der Ausführungen dazu, insbesondere in der ISO 27002, liegt naturgemäß auf der Einbeziehung der Informationssicherheit in die Sicherstellung des Geschäftsbetriebs. Dabei werden Notfälle als Gefährdungen des Geschäftsbetriebes auch explizit erwähnt.

Einbeziehen von Informationssicherheit in den Prozess zur Sicherstellung des Geschäftsbetriebs (A.14.1.1)

Hier geht es um die Anforderung, dass ein gelenkter Prozess zur Sicherstellung des Geschäftsbetriebs entwickelt und aufrechterhalten werden muss, der die für die Sicherstellung des Geschäftsbetriebs erforderlichen Informationssicherheitsanforderungen in der Organisation behandelt.

Die ISO 27002 erwähnt ausdrücklich die Durchführung einer BIA, um die Auswirkungen von Notfällen, Sicherheitsproblemen und fehlender Dienste abzuschätzen. Der geforderte Prozess sollte folgende Schlüsselelemente vereinen:

– Verständnis der Risiken des Geschäftsbetriebes der Organisation

– Identifizierung der in kritischen Geschäftsprozessen betroffenen Werte der Organisation

– Analyse der Auswirkungen, die eine durch Informationssicherheitsvorfälle verursachte Unterbrechung des Geschäftsbetriebs hat

– Abschluss einer geeigneten Versicherung

– Identifizierung und Implementierung von präventiven und mildernden Maßnahmen

– Bereitstellung ausreichender finanzieller, organisatorischer, technischer und sonstiger Ressourcen

– Schutz von Leib und Leben von Personen

– Schutz des Eigentums der Organisation

– Berücksichtigung der Informationssicherheit in den Plänen

– regelmäßiges Testen und Aktualisieren der Pläne

– Einbettung in die Prozesse und Struktur der Organisation

Man sieht, dass sich die gesamte Notfallplanung hier nahtlos einbettet. Obwohl die ISO 27001 als Norm, nach der eine Organisation sich zertifizieren lassen kann, Notfälle und Notfallvorsorge nicht explizit erwähnt, kann man aus der ISO 27002 als Anleitung für die Praxis ableiten, dass eine Organisation, die ein ISMS betreibt, auch über eine geeignete Notfallplanung verfügen muss.

Sicherstellung des Geschäftsbetriebs und Risikoeinschätzung (A.14.1.2)

Die Anforderung besteht hier darin, Ereignisse zu identifizieren, die eine Unterbrechung des Geschäftsbetriebes bewirken können. Im Anschluss daran wird eine Gewichtung solcher Ereignisse vorgenommen, etwa durch eine Risikoanalyse, wobei die erwartete Häufigkeit und die Auswirkungen solcher Ereignisse bewertet werden. Die Auswirkungen sollten hinsichtlich des Ausmaßes der Zerstörung und Wiederherstellungszeit quantitativ bewertet werden. Auch hier finden sich die Notfälle wieder als besonders schwerwiegende Unterbrechungen des Geschäftsbetriebs.

Entwickeln und Umsetzen von Plänen zur Sicherstellung des Geschäftsbetriebs, die Informationssicherheit enthalten (A.14.1.3)

Für alle identifizierten Unterbrechungen des Geschäftsbetriebes sollen Pläne entwickelt und umgesetzt werden, wie man zum normalen Geschäftsbetrieb zurückkehrt. Der Notfallplan ist ein solcher Plan. An dieser Stelle wollen wir nur auf einen Aspekt eingehen, der bisher noch nicht thematisiert wurde, jedoch insbesondere bei Notfällen von Bedeutung sein kann.

Ein Notfallplan kann auch berücksichtigen, welche Verluste an Information oder Diensten hingenommen werden können. In der Analysephase sollten daher Informationen und Dienste identifiziert werden, deren Verlust akzeptabel erscheint. Dabei kann auch zwischen dauerhaftem Verlust und vorübergehendem Verlust unterschieden werden. Verluste bewusst in Kauf zu nehmen, kann insbesondere bei der Notfallbewältigung Zeitvorteile bringen, durch die sie aufgewogen werden.

Rahmenwerk für die Pläne zur Sicherstellung des Geschäftsbetriebs (A.14.1.4)

Diese Anforderung ist im Wesentlichen ein Appell an die Qualität der Pläne. Die Einordnung in einen einzigen Rahmen soll insbesondere der inneren Stringenz und der Widerspruchsfreiheit der Pläne dienen. Sie hat aber auch zum Ziel, für eine gewisse Einheitlichkeit der verschiedenen Pläne zu sorgen. Die ISO 27002 nennt neun verschiedene Gesichtspunkte, die als Rahmen bei der Aufstellung von Plänen zur Sicherstellung des Geschäftsbetriebs berücksichtigt werden sollten.

Testen, Instandhaltung und Neubewertung von Plänen zur Sicherstellung des Geschäftsbetriebs (A.14.1.5)

Besonders wichtig beim Eintreten eines Notfalls ist das sichere Handeln der Mitarbeiter. Dies betrifft das Erkennen und Melden des Notfalls ebenso wie die Durchführung der Maßnahmen zu seiner Bewältigung. Daher ist auch diese Anforderung der ISO 27001 auf Notfälle anwendbar. Außer dem Aspekt der Einübung in Verhaltensweisen, erforderliche Abläufe und Besonderheiten im Vergleich zur normalen Tätigkeit ist auch wichtig, dass die entsprechenden Pläne korrekt und aktuell sind. Pläne aktuell zu halten, ist jedoch keine Tätigkeit, die ausschließlich am Schreibtisch ausgeführt werden muss. Vielmehr sollten auch Notfallübungen genutzt werden, um etwa vorhandene Lücken, Unstimmigkeiten, Fehler und zu ungenaue Darstellungen im

Notfallplan zu erkennen und anschließend zu korrigieren. Es ist besser, der Aktualisierungsbedarf fällt bei einer Übung auf, als dass sich im realen Notfall ein Schaden ergibt. Im Rahmen der regelmäßigen Aktualisierung der Notfallpläne sollten daher auch die Beobachtungen bei Notfallübungen berücksichtigt werden.

Compliance Im Regelungsbereich *A.15 Einhaltung von Vorgaben* sehen wir nur wenige Besonderheiten, die bei einem Notfall zu beachten wären. Natürlich ist es unverzichtbar, die in einem konkreten Notfall zu beachtenden Regelungen zu identifizieren (A.15.1.1), um sie berücksichtigen zu können. Mitarbeiter, die mit der Aufstellung von Notfallplänen beauftragt sind, sollten daher die anzuwendenden Regelungen kennen oder auf den entsprechenden Sachverstand zurückgreifen. Auf die weiteren Anforderungen möchten wir hier nicht ausdrücklich eingehen, da wir sie als im Rahmen der BIA ausreichend berücksichtigt ansehen.

5.2 Vorsorgemaßnahmen nach IT-Grundschutz

In der Maßnahmengruppe M6 des entsprechenden Grundschutz-katalogs sind eine Vielzahl von Maßnahmen unterschiedlicher Zielrichtung enthalten. Wir betrachten hier *präventive Maßnahmen* nach unserer Definition eingangs dieses Kapitels. In der Maßnahmengruppe M6 finden wir dazu:

–   Hinweise zu *Schulung und Training* (M 6.22, 6.41, 6.115, 6.117, 6.128 und 6.129)

Bei der Schulung geht es darum, Mitarbeiter/innen für die Notfallthematik zu sensibilisieren, ein adäquates Verhalten in allen Phasen der Notfallbewältigung zu vermitteln und – wie immer – Erfolg und Nachhaltigkeit dieser Aktivitäten zu überwachen.

Bei den Trainingsmaßnahmen steht praktisches Üben der Verfahren zur Notfallbewältigung im Mittelpunkt. Das umfasst Übungen zur Arbeit des Krisenstabs und der Notfallteams, zum Verhalten von Personal bei Brand und Evakuierungsmaßnahmen, zum Wiederanlauf von Geschäftsprozessen und einzelnen Ressourcen (jedweder Art) wie auch das Umschalten auf Ausweichressourcen – letzteres auch im Zusammenhang mit möglichen Dienstleistern / Outsourcing-Nehmern.

Aufgrund vieler Vorfälle in der Praxis muss dem Thema *Datenwiederherstellung* besondere Aufmerksamkeit zukommen. Hier gilt es, regelmäßig und nach bestimmten Anlässen (z. B. Änderungen am Backup-Verfahren) Übungen zur Wiederherstellung von Daten durchzuführen. Wenn dies nicht auf Produktionssystemen möglich ist, sollte man zumindest auf Integrations- oder Testsysteme ausweichen.

– Präventive *vertragliche Maßnahmen* (M 6.16, 6.28, 6.39, 6.83 und 6.137)

Hierzu zählen Maßnahmen zur Schadenkompensation in Form von Versicherungen, Verträge mit Lieferanten und Dienstleistern hinsichtlich des Vorhaltens und kurzfristiger Anlieferung von Ersatzressourcen, Outsourcing-Verträge (mit klaren Regelungen über die Abläufe bei Notfällen), die Hinterlegung von Daten und Dokumenten bei vertrauenswürdigen Dritten (um im Katastrophenfall hierauf zurückgreifen zu können.)

– Präventive Maßnahmen zur *Datensicherung und -archivierung* (M 6.20, 6.21, 6.24, 6.26, 6.32-6.38, 6.47, 6.49-6.52, 6.56, 6.71, 6.74, 6.77-6.79, 6.81, 6.84, 6.87, 6.90-6.91, 6.99, 6.101, 6.107-6.108, 6.135)

Im Hinblick auf Schulung und Training haben wir diesen Punkt schon behandelt. Im weiteren geht es um die *konzeptionelle* Seite der Datensicherung, Erstellen von Sicherungen und Aufbewahrung von Backup-Medien (dito für Boot-Medien, die für Wiederanlaufverfahren wichtig sein dürften), Sicherung von Nutzdaten und Konfigurationsdaten, Sicherung von kryptografischen Schlüsseln und Konfigurationsdaten für Kryptosysteme. Es kann sich außerdem als sinnvoll erweisen, *rechtzeitig* bestimmte technische Komponenten (z. B. für kritische IT-Systeme) auf Lager zu halten – vor allem dann, wenn abzusehen ist, dass solche Systeme nicht mehr produziert werden, aus der Wartung gefallen sind oder Hersteller und Lieferanten in Kürze keinen Ersatz mehr liefern können.

– Vorsorge- und Redundanzmaßnahmen für die *Netzinfrastruktur* (M 6.18, 6.53, 6.103-6.104), die *Telekommunikation* (M 6.29-6.30, 6.69, 6.72 und 6.75) sowie verschiedene *IT-Systeme* (M 6.43, 6.89, 6.92-6.98, 6.105)

Bei der Netzinfrastruktur kann man durch intelligente Leitungsführung (Vermaschung, Parallelstrecken, Primär-/ Sekundärverkabelung) und Redundanz in den Netzwerkkomponenten (Router, Switches, etc.) viele Risiken mindern. Sinngemäß gilt dies für alle Arten von Netzen (Daten-, Kommunikations-, Stromnetze). Auch bei IT-Systemen ist eine zentrale präventive Maßnahme gegen Ausfall die Einrichtung von Redundanz, und zwar im Sinne der Standby-Lösungen, die wir schon an anderer Stelle behandelt haben. Bei Systemen mit Verbrauchsmaterialien (wie z. B. Drucker und Kopierer) kann sich die Notwendigkeit ergeben, alle erforderlichen Verbrauchsmittel und gängige Ersatzteile in einem geordneten Verfahren auf Vorrat zu halten.

5.3 Spezielle Aspekte bei Vorsorgemaßnahmen

Betrachten wir einige besondere Fälle und stellen wichtige Aspekte der Prävention zusammen.

Geschäftsprozesse, Anwendungen

Für Geschäftsprozesse und entsprechende IT-Anwendungen sind folgende Punkte zu beachten:

– Doppelung der Produktionseinrichtungen (z. B. Rechner-, Kommunikations- und Speichermedien) an einem zweiten Standort

– Permanente, zumindest tägliche Auslagerung von Produktionsbeständen zum Ausweichstandort (bei entsprechender Kritikalität: Replikation / Spiegelung der Daten)

– Auslagerung der System-, Konfigurations- und Programmdaten zum Ausweichstandort zur Gewährleistung einer aktuellen, vollständigen Produktionsumgebung

– Sicherstellung der Kommunikation aller Einheiten zum Ausweichstandort und der Bedienbarkeit des Ausweichstandortes (Operating, Administration)

– Mindestens jährliche Tests der Produktionsübernahme durch den Ausweichstandort

Für essentielle Unternehmensprozesse und deren informationstechnische Umsetzung in Anwendungen müssen in den dazugehörigen Notfallplänen Kontinuitätsstrategien umgesetzt sein. Es geht dabei um die Festlegung von Strategien, deren Ziel es ist, die Unternehmensprozesse so schnell wie möglich mit definiertem Aufwand wieder herzustellen. Hieraus lassen sich dann präventive Lösungen entwickeln, um die technische Sicherheit zu erhöhen.

Im Fall der Auslagerung von kritischen Anwendungen und Prozessen haben die auslagernde Organisation und der Dienstleister über aufeinander abgestimmte Maßnahmen und Notfallpläne zu verfügen. Gerade heute im Zeitalter des Cloud Computing mit seiner hohen Virtualität stellt dies eine große Herausforderung an die Service Level Agreements mit dem Anbieter der Cloud dar.

*Personelle
Ressourcen*

Aus präventiver Sicht sind an personelle Ressourcen folgende Anforderungen zu stellen:

– Für alle Rollen, die an kritischen Geschäftsprozessen sowie an der Notfallbewältigung beteiligt sind, ist auf eine personelle Besetzung mit entsprechender Qualifikation zu achten.

– Zumindest für Schlüsselbereiche sind entsprechende Vertretungsregelungen und eine angemessene personelle Ausstattung vorzusehen, damit nicht jeder unerwartete Ausfall von Mitarbeitern gleich zu einem Notfall führt.

– Die Möglichkeiten der Aufgabenübertragung an andere Bereiche bzw. an andere Standorte sind zu überprüfen und zu beschreiben. Gerade im Personalbereich sind die Risiken der Konzentration wichtiger Einrichtungen (mit ihren Mitarbeitern) im Vorfeld der Planung zu berücksichtigen.

Falls Personalersatz durch Fremdpersonal eines Dienstleisters eingeplant wird, fallen eine ganze Reihe von Problemen an, die es zu lösen gilt:

– Ist der Dienstleister vertrauenswürdig und vertraglich gebunden? Sind z. B. Haftungsfragen geregelt?

– Verfügt das bereit gestellte Personal ggf. über entsprechende Sicherheitsüberprüfungen?

– Ist das Personal des Dienstleisters vorsorglich eingewiesen und ggf. trainiert worden?

– Wem gegenüber ist das Fremdpersonal weisungsgebunden?

– Sind für den Zugang bzw. Zugriff zu sensiblen Objekten Zugriffsrechte an das Fremdpersonal zu vergeben?

Im Grunde gelten analoge Überlegungen auch für den häufig vorkommenden Fall, dass in Notfallsituationen externer Support – z. B. durch Spezialisten, CERT-Dienste, externe Berater, Lieferanten – eingeholt werden muss.

Versorgungen

Für die technische Auslegung von Versorgungen (Strom, Klimatisierung, Netzanbindung) sind die Anforderungen aller Geschäftsprozesse *additiv* zu betrachten. Dies gilt für die bereit zu stellende elektrische Leistung, die maßgebliche Wärmelast bei der Klimatisierung, die erforderliche Bandbreite der Internet-Verbindungen.

Das Charakteristikum dieser Versorgungen ist, dass sie in aller Regel *gleichzeitig* für alle (oder den überwiegenden Teil der) Geschäftsprozesse erforderlich sind. Ein Ausfall z. B. der externen Stromversorgung an einem Standort der Organisation zieht mit hoher Wahrscheinlichkeit die gesamte Prozesslandschaft an diesem Standort in Mitleidenschaft. Für den Ausfall von Klima-systemen in Rechenzentren oder den Ausfall wichtiger Internet-Verbindungen (z. B. zwischen den Standorten der Organisation oder zu Kunden) sind ähnliche Szenarien denkbar.

Hier wird deutlich und klar, warum dem Ausfall von Versorgun-gen besonders durch *präventive* Maßnahmen entgegengewirkt werden muss. Die Kernfragen sind dabei: Gibt es eine allge-meine *Kontinuitätsstrategie*, die hier angewendet werden soll? Gibt es präventive Überbrückungen? Hierunter fallen z. B.

–   bei der Stromversorgung der Einsatz von USV (kurzfristige Überbrückung) bzw. Netzersatzanlage (NEA) (längere Über-brückung),

–   bei der Klimatisierung redundante Klima-Systeme (die ihrer-seits eine funktionierende Stromversorgung voraussetzen) und

–   bei der Internet-Anbindung die Umschaltung auf einen zweiten (logisch und physikalisch unabhängigen) Internet-Anbieter.

Wie lange halten diese Überbrückungsmaßnahmen den Betrieb aufrecht?

Fragen dieser Art haben wir bereits im Abschnitt 4.8 behandelt.

Einstieg in die Dokumentation

6.1 Übersicht

In diesem Kapitel und in Kap. 9 behandeln wir die Dokumentation, über die ein Notfallmanagement verfügen sollte. Dabei kommt es weniger darauf an, die aufgezählten Dokumente hinsichtlich Anzahl, Titel und Hierarchie 1:1 zu übernehmen, als vielmehr die geforderten Inhalte in den eigenen Unterlagen an sinnvoller Stelle abzubilden.

Zunächst im Überblick:

Anforderungen aus GRVS

Verfahrens-/Prozessbeschreibungen

Leitlinien (Sicherheits-, Notfall-, BIA-)

BIA-Bericht

Notfallvorsorgekonzept

Notfall(bewältigungs)konzept

Notfallhandbuch

Notfall- und Wiederanlaufpläne

Notfall-Informationen

Aufzeichnungen und Nachweise

Abbildung 13:   Dokumentenhierarchie

Allgemeines   Alle in der Abbildung 13 aufgeführten Unterlagen sollten einer *Dokumentenlenkung* unterliegen, d. h. folgende Punkte sind zu beachten:

- Kennzeichnung durch (aussagekräftigen) Dokumententitel; Versionsnummer; Erstellungs- und Freigabedatum; Name des Dokumenteninhabers, des Erstellers, des Freigebenden;

- regelmäßige Überarbeitung, um Aktualität sicherzustellen
- Einrichten und Beachten von Genehmigungs- und Freigabeprozessen
- Abstimmung mit den betroffenen Abteilungen vor Freigabe
- kontrollierte Verteilung der Unterlagen gemäß den Erfordernissen, evtl. einstufen (z. B. *Firmen-vertraulich*, *Kenntnis nur für Sicherheitspersonal*)
- sicherstellen, dass für jede Rolle alle benötigten Unterlagen verfügbar sind
- veraltete Fassungen aus dem Verkehr ziehen (aber geeignet archivieren)

Je nach Dokument kann es weitere spezifische Vorgaben geben. Es hat sich als sehr hilfreich erweisen, alle aufgeführten Unterlagen in einem zentralen Repositorium zu halten – im einfachsten Fall ein gemeinsames Server-Verzeichnis (mit vernünftigen Zugriffsrechten).

Hinsichtlich der Verteilung bzw. Zugriffsrechte ist auf den Zweck des jeweiligen Dokuments abzustellen: Nur wer das entsprechende Dokument für seine Arbeit benötigt oder an dessen Erstellung und Freigabe mitwirkt, benötigt Zugriff. D. h. es gilt der Grundsatz „Kenntnis, nur wenn nötig". Bei allen konzeptionellen und Analyse-Dokumenten wird es somit auf eine sehr restriktive Handhabung hinauslaufen. Dies mag nicht mehr zutreffen für Leitlinien, deren Weitergabe selbst an Externe erforderlich werden kann. Vor diesem Hintergrund wird dringend empfohlen, die Dokumente durch Einstufungsvermerke (wie oben angegeben) zu kennzeichnen.

Nun zu den Dokumenten im Einzelnen:

GRVS Unter *Anforderungen aus GRVS* verstehen wir eine Sammlung der für den Betrieb der Geschäftsprozesse maßgeblichen Gesetze, (externen, internen) Richtlinien, Verträge und Standards. Die Sammlung sollte über eine Übersichtsliste verfügen, um die GRVS in allen weiteren Unterlagen einheitlich zitieren zu können[30].

---

[30] Tipp: Bauen Sie diese Liste zu einer solchen aus, die alle Dokumente aus dem Sicherheits- und Notfallmanagement umfasst. Hierdurch erleichtern Sie die Aktualisierung solcher Informationen. Sie sollten dann darauf verzichten, Literaturhinweise und Referenzen

In den GRVS können Anforderungen an die Sicherheit – hier insbesondere auch die Verfügbarkeit – von Geschäftsprozessen sowie andere Vorgaben (z. B. über die Art des Notfallmanagements und entsprechender Nachweise) enthalten sein. Es hat sich als günstig erwiesen, Gesetze und Verträge unter Beteiligung juristischen Sachverstands durchzuarbeiten und die Anforderungen an die Sicherheit und das Notfallmanagement zu extrahieren und in eine mehr technisch orientierte Sprache zu übersetzen. Das Ergebnis könnte eine Tabelle sein, in der die juristischen Anforderungen der jeweiligen „Übersetzung" in konkrete Einzelmaßnahmen gegenübergestellt sind (*Compliance-Tabelle*).

Hieran knüpft sich die Forderung, das Sicherheits- und das Notfallmanagement zu informieren (bzw. zu beteiligen), wenn neue Vorgabedokumente dieser Art erscheinen (bzw. neue Verträge erarbeitet werden), um sicherzustellen, dass die GRVS stets aktuell und neue Anforderungen frühzeitig bekannt sind.

Einige Punkte unter *Allgemeines* sind auf die GRVS nicht anwendbar.

Verfahren, Prozesse

Im Kap. 4 über die Business Impact Analysis haben wir bereits erkannt, dass neben einer Übersicht über die Geschäftsprozesse der Organisation zumindest für die Kernprozesse eine Prozess- bzw. Verfahrensbeschreibung erforderlich ist.

Solche Beschreibungen könnten wie folgt gegliedert werden:

– Benennung des Geschäftsprozesses

– Angaben über den Autor der Verfahrensbeschreibung und Prüf- und Freigabevermerke

– Angaben zum Prozessverantwortlichen

– Bedeutung des Geschäftsprozesses für die Organisation

– Anforderungen an den Prozess
   (z. B. gemäß den GRVS – aber auch betriebliche Kennziffern, Leistungsangaben, Sicherheitsvorgaben, MTPD, sonstige zeitliche Vorgaben, etc.)

– beteiligte (interne und externe, administrative und operative) Rollen, u. a. auch Dienstleister betreffend

– die im Prozess etablierten Abläufe (inkl. Datenflüsse, Schnittstellen zu anderen Prozessen, Prozessabhängigkeiten)

in den einzelnen Dokumenten selbst anzugeben. Verweisen Sie jeweils nur auf die zentrale Liste.

- detaillierte Liste der verwendeten / benötigten Ressourcen (Organisation, Personal, Infrastruktur, Technik, Services Dritter), ggf. mit Angaben zur Einsatzumgebung und Konfiguration

- besondere Prüf- und Abnahmeprozesse (z. B. Audits / Inspektionen durch Dritte, eigene regelmäßige Überprüfungen, Revisionsprüfungen, etc.)

Man könnte ebenfalls die vorhandenen (präventiven) Sicherheitsmaßnahmen für den jeweiligen Prozess aufführen. Es ist allerdings immer eine gute Idee, in der Dokumentation nicht zu viel Redundanz einzubauen (erhöter Pflegeaufwand und mögliche Konsistenzprobleme!). Da ohnehin noch entsprechende Konzepte zur präventiven Sicherheit und zur Notfallbewältigung anstehen, wollen wir annehmen, dass alle Maßnahmen der genannten Art in diesen Konzepten beschrieben werden.

Weitere Die weiteren Unterlagen Sicherheits-, Notfall- und BIA-Leitlinie, sowie das Notfallvorsorgekonzept behandeln wir in den folgenden Abschnitten separat; alle in der Abbildung 13 grau hinterlegten Dokumente besprechen wir dann in Kap. 9.

6.2 Leitlinien

Eine Leitlinie soll die betroffene Zielgruppe leiten, d. h. eine Orientierung und einen Rahmen für eine Ausgestaltung und Realisierung der jeweiligen Ziele geben.

Einheitlich für alle Arten von Leitlinien gilt, dass sie formal in Kraft gesetzt werden müssen – in der Regel durch Unterschrift der Leitungsebene – und dem jeweiligen Adressatenkreis bekannt zu machen sind. Ein weiteres Erfordernis ist die regelmäßige Überprüfung und ggf. Überarbeitung der Inhalte.

Die Bekanntgabe und Verteilung einer Leitlinie kann auf unterschiedlichen Wegen erfolgen: Klassisch ist die Verteilung in gedruckter Form; genauso wirksam kann die Verteilung per Email oder das Posten im Intranet sein. Allen Verteilungswegen gemein ist das Problem sicherzustellen, dass der Empfang der Leitlinie gewährleistet ist und ggf. auch eine Rückmeldung („habe erhalten, gelesen und verstanden") erfolgt.

Die Ausarbeitung der Leitlinie wird dem für das jeweilige Thema zuständige Management (Sicherheitsmanagement, Notfallmanagement) obliegen. Dabei sollten die jeweilig betroffenen Bereiche der Organisation an der Ausarbeitung mitwirken bzw. bei

Abstimmungen beteiligt sein, bevor die Leitlinie in Kraft gesetzt wird.

Sicherheitsleitlinie Beginnen wir mit der Sicherheitsleitlinie, deren Adressatenkreis meist alle Mitarbeiter/innen einer Organisation sind – mehr noch: in bestimmten Kontexten kann sich diese Leitlinie auch an Vertragspartner (Auftraggeber und Auftragnehmer) richten.

Vom Inhalt her sollte die Sicherheitsleitlinie eine klare Antwort auf die Frage geben, *warum* Sicherheit in der Organisation erforderlich ist und welche (summarischen) Vorgaben das Management aus diesem Grund macht. Vor diesem Hintergrund kann eine Sicherheitsleitlinie wie folgt gegliedert sein:

1. Organisation und Geschäftszweck

   – Benennung der Organisation

   – (kurze) Beschreibung der Fachaufgabe / des Geschäftszwecks und des Aufbaus der Organisation

2. Geltungsbereich

   – Festlegung des Geltungsbereichs der Leitlinie, d. h. worauf sich die Leitlinie bezieht (auf die gesamte Organisation oder Teile davon, auf bestimmte oder alle Geschäftsprozesse, welche Standorte, etc.)

3. Anforderungen, Risiken und Ziele

   – Sicherheitsanforderungen, (Sicherheits-)Risiken und Sicherheitsziele, die für den Geltungsbereich wesentlich sind.

4. Bedeutung der Sicherheit

   – Bedeutung der Sicherheit für die Organisation und den Geltungsbereich, angestrebtes Sicherheitsniveau

5. Grundsätzliche Regelungen im Überblick

   – Zuständigkeiten

   – grundsätzliche Sicherheitsregeln

   – Dokumentationsanforderungen

   – Überprüfungen und Qualifizierungen (z. B. angestrebte Konformität zu bestimmten Standards)

   – Grundsätzliches zu Schulungsmaßnahmen

6. Verpflichtungen

   – Bekenntnis der Leitungsebene zur Unterstützung der Aufgabe

– Verpflichtung der Mitarbeiter (ggf. auch Vertragspartner) zur Einhaltung aller Regelungen

ISMS-Leitlinie

Die ISMS-Leitlinie hat als Zielgruppe das Sicherheitspersonal und dient als Grundlage für die Organisation und Konzeption der Sicherheit. Sie sollte folgende Themen und Fragen adressieren:

1. Beschreibung von ISMS-Rahmenbedingungen

– Wie ist das Sicherheitsmanagement organisiert?

– Wie ist der IT-Sicherheitsprozess geplant?

– An welchem Standard soll man sich orientieren?

– Welche Informationswerte werden grundsätzlich betrachtet?

2. Methode der Risikoanalyse und -bewertung

– Wie sollen Risiken für die Informationswerte identifiziert und abgeschätzt werden?

– Welche Risikoklassen werden festgelegt?

– Welche Schwellenwerte für die Risikoakzeptanz[31] sind definiert?

3. Risikobehandlung

– Welche Optionen der Risikobehandlung sollen betrachtet werden?

Eine ISMS-Leitlinie wird nur dann benötigt, wenn die zuvor genannten Punkte nicht schon durch ein quasi standardisiertes Vorgehensmodell abgedeckt sind. Das ist der Fall, wenn man sich z. B. nach dem IT-Grundschutz richtet und die entsprechenden BSI-Standards beachtet. Bei einem Vorgehen nach ISO 27001 ist dagegen eine ISMS-Leitlinie unverzichtbar.

Notfall-Leitlinie

Die Notfall-Leitlinie adressiert alle von der Notfallplanung betroffenen Bereiche der Organisation – möglicherweise somit die *gesamte* Organisation. Diese Leitlinie soll Rahmen und Orientierung für den Aufbau einer Notfallorganisation und das präventive und reaktive Notfallmanagement geben. Von daher bietet sich in Analogie zur Sicherheitsleitlinie eine Gliederung nach folgendem Schema an:

---

[31] Bis zu welcher Grenze A werden Risiken grundsätzlich akzeptiert? Ab welcher Höhe X sind sie auf keinen Fall akzeptabel? Was passiert zwischen A und X?

1. Organisation und Geschäftszweck

- Benennung der Organisation

- (kurze) Beschreibung der Fachaufgabe / des Geschäftszwecks

2. Geltungsbereich der Notfall-Leitlinie

- Welche Bereiche und Geschäftsprozesse der Organisation sind betroffen?

3. Anforderungen, Risiken, Ziele

- (im Überblick:) Anforderungen aus Gesetzen, internen und externen Richtlinien, Verträge, Standards

- Wesentliche Risiken, die zu Notfällen führen können

- Administrative / technische Ziele hinsichtlich der Business Continuity

4. Stellenwert des Notfallmanagements

- Bedeutung der Notfallprävention und Notfallbewältigung für die Organisation und den Geltungsbereich

5. Grundsätzliche Regelungen im Überblick

- Aufbau des Notfallmanagements (wesentliche Rollen und Zuständigkeiten)

- die wesentlichen Dokumente

- Vorgaben zur Überprüfung des Notfallmanagements

- Kontinuitätsstrategien (sofern grundsätzlich festgelegt)

- Grundsätzliches zu Notfalltraining und Notfallübungen

6. Verpflichtungen

- Bekenntnis der Leitungsebene zur Unterstützung des Notfallmanagements

- Verpflichtung der Mitarbeiter (ggf. auch Vertragspartner) zur Einhaltung aller Regelungen

Ein Beispiel für eine solche Notfall-Leitlinie finden Sie im OnlinePlus-Dienst des Verlags Vieweg+Teubner bei den Angaben zum vorliegenden Buch.

BIA-Leitlinie   Was die ISMS-Leitlinie für das Sicherheitsmanagement ist, ist die BIA-Leitlinie für das Notfallmanagement. In der BIA-Leitlinie wird die Systematik festgelegt, nach der die Business Impact Analysis für den Geltungsbereich durchgeführt werden soll. Wir schlagen folgende Gliederung vor:

1. Prozessmodell

   – Sichtweise der Geschäftstätigkeit als Prozesse, evtl. vorhandene Ausschlüsse und andere Besonderheiten

   – Behandlung von Prozessabhängigkeiten

   – Grundprinzipien (Prozessverantwortlicher, Überprüfungen, unterstützende und Management-Prozesse)

   – Mögliche Vorgaben: Kennzahlen, MTPD, allgemeine Kontinuitätsstrategien

   – Dokumentationsanforderungen für Geschäftsprozesse

2. Methode der Kritikalitätsbewertung

   – Zeitaufrisse und Schadenbewertung

   – Kritikalitätsstufen und Priorisierung beim Wiederanlauf

   – Vererbung auf genutzte Ressourcen

   – Vorgehensweise bei Prozessabhängigkeiten

3. Behandlung von Überbrückungen

   – Grundsätzliches zu Standby-Lösungen

   – Planungsgrundlagen für den Notbetrieb

Statt eine *eigene* BIA-Leitlinie von Grund auf neu zu entwickeln, bietet es sich natürlich an, bei einigen Punkten aus der obigen Aufzählung auf /BSI100-4/ oder ähnliche Werke zu verweisen bzw. der Darstellung in diesen Werken zu folgen.

6.3 Das Notfallvorsorgekonzept

In unserer Systematik enthält das Notfallvorsorgekonzept die Risikoanalyse und -bewertung für die betrachteten Geschäftsprozesse, sowie die Zuordnung von *präventiven* Sicherheitsmaßnahmen, um diese Risiken zu mindern oder vollständig zu beseitigen. Soweit in der BIA bzw. in der weiteren Notfallplanung Kontinuitätsstrategien den Einsatz von Redundanzen oder das Aufsetzen von Überbrückungen fordern, handelt es sich dabei ebenfalls um präventive Maßnahmen, die in das Notfallvorsorgekonzept aufzunehmen sind. Weiterhin sollten die Restrisiken ermittelt werden.

Für dieses Dokument wird insofern folgende Gliederung vorgeschlagen:

1. Gegenstand des Konzeptes

-   Bezugnahme auf eine Notfall-Leitlinie

-   Auflistung der betrachteten Geschäftsprozesse

2. Risiken einschätzen

-   Risiken identifizieren und abschätzen

-   Schwachstellen ermitteln

-   Risiken bewerten (in ihrer Auswirkung auf die Organisation)

3. (Vorsorge-)Maßnahmen[32]

-   Vereinbarungen mit externen Dienstleistern und Lieferan-ten[33]

-   Abschluss von Versicherungen

-   Überwachungs- und Alarmierungstechnik[34]

-   Meldewesen, UHD, Alarmzentrale, etc.[34]

-   Datensicherung und -archivierung

-   Redundanzmaßnahmen (s.u.)

-   Überbrückungs- bzw. Notmaßnahmen

-   Sensibilisierung und Schulung der Mitarbeiter

-   Notfalltraining und -übungen

4. Restrisiken

-   Ermittlung und Bewerten von Restrisiken

-   Akzeptanz der Restrisiken

-   Umsetzung der Vorsorgemaßnahmen

Bei den unter Punkt 3 aufgezählten Redundanzmaßnahmen ist es sinnvoll, z. B. nach folgenden Merkmalen zu differenzieren:

-   Redundanzen auf Prozessebene (Prozesse an Ausweich-standorten, Prozesse bei Dienstleistern,...)

---

[32] gemäß ISO 27005 Teil des Risikobehandlungsplans

[33] Vorhalten und Bereitstellen von Ersatzkomponenten und -dienst-leistungen

[34] Diese Punkte gehören zum Thema Incident Management und könnten unter dieser Überschrift behandelt werden.

- Redundanzen bei nicht-technischen Ressourcen (Personal, Kommunikationswege)

- Redundanzen bei einzelnen IT-Ressourcen (Systeme, Komponenten, Netzstrecken und Netzübergänge, Standby-Lösungen)

- Redundanzen in der Infrastruktur, insbesondere bei Versorgungen (Strom, Klima, etc.)

In jedem Konzept sind die Kosten und Aufwände für die Umsetzung aller Maßnahmen zu betrachten und den reduzierten Risiken gegenüberzustellen (um die Frage der Wirtschaftlichkeit beantworten zu können). Dies ist im Grunde auch beim Notfallvorsorgekonzept zu beachten. Insofern wäre die Gliederung oben um einen weiteren Punkt zu ergänzen:

5. Kosten und Wirtschaftlichkeit

- Verbleibende Restrisiken (in der Notfallprävention)

- Geschätzte Aufwände und Kosten für die Umsetzung

- Beurteilung der Wirtschaftlichkeit

Sie können diese Bilanzierung alternativ auch im BIA-Bericht vornehmen (s. Abschnitt 6.5).

Es sei auch hier daran erinnert, dass ein Notfallvorsorgekonzept dem üblichen PDCA-Zyklus unterliegt, d. h. insbesondere regelmäßig überprüft und ggf. überarbeitet werden muss.

6.4 Exkurs: Das Sicherheitskonzept

Ein klassisches Sicherheitskonzept ist ähnlich aufgebaut wie das oben erläuterte Notfallvorsorgekonzept, wird aber in der Regel umfassender sein, weil *alle* Sicherheitsaspekte behandelt werden – nicht nur diejenigen, die sich auf die vom Notfallmanagement betrachteten Kernprozesse beziehen.

Falls es ein Sicherheitskonzept gibt, in dem alle wesentlichen Aspekte der Prävention bereits enthalten sind, hat man natürlich einiges an Zeit und Aufwand gespart und kann ggf. auf ein eigenes Notfallvorsorgekonzept *verzichten*.

Im Hinblick auf die Konzeption der Sicherheit sehen wir die beiden Wege nach der ISO 27000 Normenreihe und dem IT-Grundschutz. Wir wollen deshalb für beide Varianten die Vorgehensweise zur Sicherheitskonzeption summarisch darstellen.

Konzeption nach ISO 27001

Die wesentlichen Schritte der Sicherheitskonzeption nach der ISO 27001 haben wir schon im Abschnitt 2.4 kennengelernt. Ein Dokument *Sicherheitskonzept* gibt es nach dieser Norm eigentlich gar nicht. Vielmehr ist ein solches als Zusammenfassung der Ergebnisse aller Schritte gemäß der Abbildung 6 (auf der Seite 32) zu sehen. Dabei spielt es aus Normensicht keine Rolle, ob für jeden Schritt ein separates Dokument existiert oder alles in einem einzigen Dokument zusammengetragen worden ist.

Auch wenn es neben diesen grundlegenden Informationen eine Reihe weiterer Pläne und Unterlagen gibt, die bei Umsetzung der Norm anfallen, sind folgende Punkte vorrangig zu behandeln:

– Beschreibung des Anwendungsbereichs

– Referenz auf die zugrunde liegenden Leitlinien

– Erfassung der Informationswerte

– Risikoanalyse und -bewertung für die Informationswerte

– Risikobehandlung / Maßnahmenauswahl

– Restrisikoermittlung und -akzeptanz

Bei der Risikobetrachtung sind für das Notfallmanagement diejenigen Risiken wesentlich, bei denen die entstehenden Schäden für Organisation gravierend oder sogar existenzbedrohlich sind. Sie sind der Ausgangspunkt für die konzeptionellen Überlegungen des Notfallmanagements.

Konzeption nach IT-Grundschutz

Grundzüge der Methode haben wir bereits im Abschnitt 2.4 kennen gelernt. Beim IT-Grundschutz besteht die Konzeption der Sicherheit darin, die entsprechenden Schritte dieser Methodik zu durchlaufen – die dabei entstehenden Informationen bilden in ihrer Gesamtheit das *IT-Sicherheitskonzept*. Solange man sich im Bereich des normalen Schutzbedarfs und vorhandener Bausteine bewegt, sind das die Ergebnisse folgender Schritte:

– Strukturanalyse

– Ermittlung des Schutzbedarfs

– Modellierung des IT-Verbunds

– Basis-Sicherheits-Check

– Umsetzungsplanung

Bei höherem Schutzbedarf oder fehlenden Bausteinen (zur Modellierung des konkreten IT-Verbunds) wird nach dem Basis-Sicherheits-Check eine

— ergänzende Sicherheitsanalyse

durchgeführt. Dazu gehört insbesondere eine individuelle Risikoanalyse. Hierbei werden die relevanten Gefährdungen aus dem Gefährdungskatalog sowie ggf. eigene spezifische Gefährdungen der Organisation betrachtet und die entsprechenden Risiken klassifiziert. Anschließend wird geprüft, ob bereits vorhandene Maßnahmen (aus der Modellierung) die Gefährdungen ausreichend abdecken oder ob neue bzw. stärkere Maßnahmen vorgesehen werden müssen.

Die Ergebnisse dieser Analysen müssen natürlich dokumentiert werden und sind dann Bestandteil des Sicherheitskonzeptes.

Da die Vorgehensweise beim IT-Grundschutz weitgehend durch die BSI-Standards festgelegt ist, bestehen für den Anwender wenig Freiheitsgrade bei der individuellen Anpassung der Methode.

6.5   BIA-Bericht

Der BIA-Bericht soll die Ergebnisse der Business Impact Analysis (BIA) beinhalten und damit mögliche Kontinuitätsstrategien festlegen und begründen sowie die Basis für die Wiederanlaufplanung liefern.

In der BIA-Leitlinie sollten dafür die Grundlagen gelegt sein (vgl. Abschnitt 6.2).

In der Praxis hat es sich bewährt, zunächst die BIA für einige wenige ausgewählte Prozesse rudimentär durchzuführen und die Ergebnisse zur Vorabstimmung der Leitung, dem Asset Management (sofern vorhanden), dem Sicherheitsmanagement und den betroffenen Abteilungen vorzustellen. Damit wird allen Beteiligten klar, wohin die Reise geht und welche Art von Ergebnissen zu erwarten ist.

Aus der Diskussion kann sich ergeben, dass die Maßstäbe für die BIA (aus der BIA-Leitlinie) und Art der Durchführung der BIA nochmal angepasst werden sollten. Dieses Feedback ist in jedem Fall aufzunehmen und zu verarbeiten – schon deshalb, um bei der systematischen Durchführung der BIA in der Breite solche grundsätzlichen Diskussionen nicht mehr führen zu müssen.

Eine mögliche Gliederung des BIA-Berichts könnte so aussehen (wir lassen die Formalia zum Dokumentenmanagement weg):

0. Zusammenfassung für die Leitung

1. Auswahl der Geschäftsprozesse

- Übersicht über die Geschäftsprozesse der Organisation

- Auswahl der weiter betrachteten Kernprozesse

- Erfassen der wesentlichen Daten (geschäftliche Anforderungen, MTPD, ...)

- Begründung für das Weglassen anderer Prozesse

2. Analyse der Kernprozesse

- Ergebnisse der Risikoanalyse und -bewertung (aus dem Sicherheits-/Notfallvorsorgekonzept)

- Vorhandene (präventive) Sicherheitsmaßnahmen

- Kritikalitätsbewertung der Prozesse

- Darstellung von Prozessabhängigkeiten

3. Kritikalität von Ressourcen

- Erfassen der benötigten Ressourcen (ggf. Verweise auf entsprechende Listen / Übersichten)

- Vererbung der Kritikalität auf die benötigten Ressourcen

4. Schlussfolgerungen

- Priorisierung beim Wiederanlauf von Prozessen

- Ableiten von Kontinuitätsstrategien (u. a. Anforderungen an Redundanz von Prozessen und Ressourcen)

- Überbrückung / Notbetrieb bei Ressourcen (soweit anwendbar)

- Überbrückung / Notbetrieb bei Prozessen (soweit anwendbar)

5. Bewertung

- Geschätzte Aufwände und Kosten für die Umsetzung

- Verbleibende Restrisiken (in der Notfallprävention und Notfallbewältigung)

Da dieser Bericht vom Ergebnis her massiv in die Geschäftsprozesse eingreifen kann, ist es unerlässlich, dass die Prozessverantwortlichen die Ergebnisse mittragen – sie sollten sie sogar *mitzeichnen*. Schlussendlich ist der BIA-Bericht der Leitung zur Freigabe bzw. Genehmigung vorzulegen; dies erscheint umso wichtiger, als für die Umsetzung der Ergebnisse z. T. erhebliche

Aufwände anfallen werden, andererseits aber auch Restrisiken verbleiben, die der Leitung bekannt sein müssen.

7 Incident Management

Das Aufsetzen eines Incident Managements ist einerseits eine präventive Maßnahme, andererseits aber auch in die reaktive Bewältigung von Vorfällen eingebunden. Insofern behandeln wir dieses Thema separat.

7.1 Systematik des Incident Managements

Betrachtet man unerwünschte Vorfälle oder Ereignisse – in unserer mit englischen Abkürzungen und Ausdrücken durchsetzten IT-Welt auch *Incidents* genannt – aus einer abstrakten Sicht, möchte man ihr Auftreten mit einem etablierten Muster von Aktionen behandeln, um das Incident im Rahmen vorgegebener Zeitbedingungen und nach einheitlichen Gesichtspunkten bearbeiten zu können. Bei geschäftskritischen Unterbrechungen und Verzögerungen möchte man schnellstens normale Betriebszustände wieder herbeiführen.

Das Incident Management ist damit auch ein wesentliches Hilfsmittel für das Notfallmanagement: Hiermit können z. B. Störungen in einem frühen Stadium erkannt und behandelt werden. Die Reaktionszeit (s. Abschnitt 2.2) kann sich bei einem geordneten Incident Management-Prozess erheblich verkürzen.

Teil dieses Prozesses ist auch die Klassifizierung von Vorfällen, d. h. hier findet erstmalig die Einstufung eines Vorfalls – ggf. als potenzieller Notfall – statt. Neben reinen Störungen sollten auch Sicherheitsvorfälle und andere wichtige Ereignisse bzw. Zustände (z. B. Compliance-Probleme) erfasst werden. Dies gilt auch für alle Notfälle, die nicht aus Störungen oder Sicherheitsvorfällen resultieren (vgl. dazu Abschnitt 2.1).

Prozess-Sicht Incidents können – wie alle anderen Prozesse auch – als Prozesse mit Input, Output und Management-Aktivitäten angesehen werden.

Betrachten wir nun diese Komponenten von Incidents im einzelnen:

– Der *Input* beschreibt ein Incident im Detail. Die Einzelheiten des Incidents werden z. B. vom Service Desk, vom Netzwerk oder vom weiteren Operating der IT-Infrastruktur erfasst. Es existieren viele unterschiedliche Arten von Input: Fehler- und Störungsmeldungen, Service-Anforderungen, automatisierte Alarmmeldungen vom Monitoring usw.

– Der *Output* wird in der Regel aus der Sicht des Incident Managements betrachtet. Dazu gehört neben dem abgeschlossenen Incident-Prozess mit der Behebung des Incidents (ggf. Wiederherstellung des Normalbetriebes) auch die aktuelle Anwenderzufriedenheit, verbesserte Produktivität, Anwenderreaktionen, Kommunikation mit den involvierten Anwendern, die Dokumentation in Form von Incident Reports und die Erstellung und Aufbereitung von Management-Informationen.

– Zu den *Incident Management-Aktivitäten* gehören das Aufspüren und Melden von Incidents, deren Klassifikation und Sofortmaßnahmen zur Anwenderunterstützung, Untersuchung und Diagnose, Lösungsvorschläge und Wiederherstellung des normalen Betriebs, formales Schließen des Incidents, Festlegung der Verantwortlichkeiten für Incidents, das Nachverfolgen und Monitoring von laufenden Aktivitäten zur Behebung des Incidents, sowie die Kommunikation gegenüber Anwendern und Geschäftsleitung – eventuell auch gegenüber der Öffentlichkeit.

Service Desk Während eines Incident-Prozesses tritt in der Regel ein ganzer Fluss an damit zusammenhängenden Ereignissen auf. Für eine Revision dieses Geschehens ist es hilfreich, wenn für die Abarbeitung eines Incident-Prozesses innerhalb der Organisation eine zentrale Stelle existiert, die Anwender und Kunden als Anlaufstelle dient. In der Regel dient dazu das Service Desk. Alle Incidents von Anwender- und Kundenseite werden an das Service Desk gemeldet. Damit ist das Service Desk verantwortlich für die Abarbeitung und das Nachverfolgen des Incident-Prozesses von Anfang bis Ende – gegebenenfalls auch in Abstimmung mit anderen betroffenen Abteilungen.

Insbesondere dann, wenn das Incident Management mit Tool-Unterstützung realisiert ist, ergeben sich erhebliche Vorteile, was Auswertungen und Reporting anbetrifft.

Verantwortlichkeit Es gibt unterschiedliche Ansätze, wer das Incident Management einer Organisation zu betreuen hat. Es kann unter der Obhut der

IT-Abteilung, aber auch des Sicherheits- oder Notfallmanagements stehen – oder einer separaten Verantwortung unterstehen. Dazu gehen wir die Frage etwas anders an und stellen fest, dass es sich beim Incident Management-*Prozess* um einen (unterstützenden, internen) Geschäftsprozess der Organisation handelt. Damit ist klar, dass es hier einen *Prozessverantwortlichen* geben muss. Außerdem ist zu überlegen, ob es sich bei diesem Prozess aus Sicht der Organisation um einen (zeit)*kritischen* Prozess handelt (mit den Folgen, die wir in den Kap. 4 f. beschrieben haben).

Was fällt unter diese Verantwortlichkeit? Im Grunde die Planung und Überwachung aller Aktivitäten, die sich beim Monitoring, der Klassifizierung und Eskalation von Incidents, der Informationsweitergabe an betroffene Nutzer, der Bearbeitung und Behebung des Incidents bis zu seiner Lösung und Auswertung ergeben.

Vorgehensmodell Das grundsätzliche Vorgehensmodell beim Incident Management kann man folgender Übersicht entnehmen:

| Incident identifizieren |
| Incident melden |
| Incident erfassen |
| Incident klassifizieren |
| Incident eskalieren |
| Incident bearbeiten |
| Incident abschließen |
| Incident der Auswertung zuführen |

Abbildung 14:   Incident Management-Prozess

Beim IT-Grundschutz findet man in der Maßnahmengruppe M6 zahlreiche Einzelmaßnahmen zum Thema Incident Management. Dort werden in lockerer Reihenfolge einige Elemente aus der obigen Abbildung behandelt, z. B. in M6.58 bis 6.62, 6.64 bis 6.68 und 6.121 bis 6.134.

In /ISO18044/ findet man eine Gesamtdarstellung des Incident Managements, vor allem im Zusammenhang mit Security Incidents (Sicherheitsvorfällen).

Wir behandeln den Incident Management-Prozess aus der obigen Abbildung zunächst im Überblick:

– Identifizieren, Melden und Erfassen
Entdeckung, dass ein unerwünschter Vorfall bzw. unerwünschtes Ereignis (z. B. eine Abweichung vom Normalbetrieb) aufgetreten ist und Melden der wesentlichen Details, die mit diesem Incident zusammenhängen, Anfertigen einer entsprechenden Aufzeichnung. Wenn erforderlich, können hier bereits Sofortmaßnahmen veranlasst werden.

– Klassifizierung und Eskalation
Die Klassifizierung hat zur Aufgabe, den Incident anhand einer Wissensbasis (z. B. über bereits früher aufgetretene Ereignisse) zu kategorisieren und ihm daraus abgeleitet eine Priorität zuzuweisen. Abhängig davon kann über weitere Sofortmaßnahmen (z. B. eine initiale, direkte Unterstützung der Anwender) entschieden oder das Incident an eine spezialisierte Expertengruppe weitergeleitet werden.

– Bearbeitung 1: Nachforschung und Diagnose
Diese Aktivität hat zum Ziel, weitere Details über den Incident herauszufinden und bezüglich der möglichen Lösungen zu analysieren. Nach Abschluss dieses Vorganges wird der Incident an die entsprechenden Facheinheiten zur Weiterbearbeitung geleitet.

– Bearbeitung 2: Lösung
Der Incident-Prozess wird zunächst abgeschlossen, indem eine Lösung oder ein Notbehelf (Work Around) implementiert bzw. eine Aufforderung an das Change Management gesendet wird.

– Abschluss und Auswertung
Der Abschluss des Incidents erfolgt nach formaler Bestätigung, dass die Lösung umgesetzt bzw. der Normalbetrieb wiederhergestellt wurde. Je nach Art des Incidents kann dieser formale Abschluss z. B. vom Melder des Incidents vorgenommen werden. Mit dem Abschluss sind die Aufzeichnungen über das Incident auch für eine spätere Auswertung freigegeben.

Wir betrachten nun die einzelnen Phasen bzw. Schritte im Detail.

Incident identifizieren

In dieser Phase wird ein Vorfall, beispielsweise eine Abweichung von einem SOLL-Wert oder SOLL-Zustand, erkannt. Dies kann erfolgen durch

– Messgeräte / Alarmgeber (Temperatur, Feuchte, Stromspannung, Zeit, aber auch: Detektion von Funktionsverlust oder -beeinträchtigung),

– subjektive Einschätzung (z. B. Temperatur) oder Wahrnehmung (z. B. Feuer, fehlerhafte Ergebnisse), oder

– Tests, Inspektionen oder Audits (z. B. könnten Abweichungen bei Abläufen erkannt werden).

Was die Funktion von Systemen oder Infrastruktureinrichtungen anbetrifft, ist es bei hoher Kritikalität von Anwendungen dringend geboten,

– von Anwendungen produzierte Ergebnisse automatisiert oder manuell auf Plausibilität zu prüfen,

– Leistungsparameter betrachteter Anwendungen automatisiert oder manuell zu messen und auf Einhaltung des Sollbereichs zu prüfen, und

– Funktionsausfall von Anwendungen und Diensten möglichst schnell zu entdecken.

Die *Plausibilitätsprüfung* dient vor allem dazu, Fehler in den Anwendungen (z. B. Software-Fehler) oder Dateninkonsistenz zu entdecken.

Leistungsmessungen sind erforderlich, um ausreichende Verarbeitungs- und Antwortzeiten sicherzustellen bzw. Engpässe frühzeitig erkennen zu können.

Dies gilt erst Recht für den Fall von Funktionsverlust (z. B. Defekt von Geräten, Ausfall von ganzen Diensten). Bei kritischen Anwendungen wird man stets auf eine *kontinuierliche Überwachung* (Monitoring) des Status von Anwendungen und Diensten setzen.

Eine weitere Quelle von Incidents sind entdeckte bzw. vermutete Sicherheitsverletzungen. Möglicher Ausgangspunkt können sein:

– automatisierte Sicherheitskontrollen (z. B. durch Intrusion-Detection-Systeme, Systeme zur Virendetektion, Überwachung der Kommunikation durch Firewall)

- erkannte Zustandsfehler (unsichere Zustände z. B. bei Zutritts- und Zugriffskontrollsystemen, länger existierende User Accounts mit Default-Passwort)

- nachgelagerte Überprüfungen von Aufzeichnungen (Log-Aufzeichnungen, Protokolle der Intrusion Detection, aber auch Aufzeichnungen wie etwa ein Besucher-Buch für eine Sicherheitszone)

- Inspektionen oder Audits (betreffend Nicht-Einhalten von Sicherheitsvorgaben)

- allgemeine Sicherheitsinformationen (externe / interne Meldung z. B. über ausnutzbare Schwachstellen)

Je nach Auslegung des Incident Managements können weiterhin Vorfälle, die weder Störungen noch Sicherheitsvorfälle im engeren Sinne sind, wie z. B. Compliance-Probleme, ein Incident auslösen. Wenn ein solches Problem mittelfristig zu hohen Vertragsstrafen oder gar einem Entzug einer Betriebsgenehmigung führt, trägt es das Potenzial eines Notfalls in sich. Eine zügige, geordnete Bearbeitung und Verfolgung eines solchen Incidents ist also dringend geboten.

Incident melden

Der nächste Schritt in der Bearbeitungskette ist die Weitergabe der Information über ein Incident an eine „sich kümmernde" Stelle. Dieses Melden eines Incidents kann *automatisiert* erfolgen durch

- lokale Alarme (z. B. akustische und optische Signale),

- Senden an eine Gefahrenmeldeanlage, ggf. über ein spezielles Überwachungsnetz,

- Senden an eine externe Stelle (z. B. Alarmaufschaltung auf die Feuerwehr) oder

- personen- bzw. rollengebundene Alarme (z. B. automatisierte Mitteilung auf das Handy eines Bereitschaftsdienstes oder Email-Benachrichtigung).

Vielfach haben wir Meldungen, die von einer Person *manuell* an eine zuständige Stelle gegeben werden, z. B. an

- Vorgesetzte,

- eine interne Störungsstelle / Alarmzentrale / Leitstelle,

- das User Help Desk (UHD) bzw. den IT-Support oder

– externe Dienstleister (Lieferanten, CERT-Dienste, Rettungs-
dienst, Feuerwehr).

Die Liste der Beispiele kann hier beliebig verlängert werden.
Wichtig ist:

– Es muss für jedes betrachtete Incident ein klarer Meldeweg
vorgeschrieben und dokumentiert sein! Die Wege können
sich je nach Art des Incidents unterscheiden.

– Der Meldeweg muss jeweils so konzipiert sein, dass seine
Funktion nicht von dem aufgetretenen Incident beeinträch-
tigt wird.

– Es muss sichergestellt sein, dass Meldungen tatsächlich irgendwo auflaufen und zu einer Reaktion führen und nicht
irgendwo „verschlampt" werden.

In vielen Organisation findet man eine zentrale Stelle wie eine
Sicherheitswache, eine Gefahrenleitstelle, einen Notruf etc., bei
der alle Fäden zusammenlaufen. Je nach Art der Organisation
kann eine Erreichbarkeit dieser Stelle von 7 x 24 h gefordert
sein, zumindest aber eine Erreichbarkeit zu festgelegten Be-
triebszeiten; außerhalb dieser Zeiten ist möglicherweise eine
Rufbereitschaft eingerichtet. Verschiedentlich wird die Funktion
solcher zentralen Stellen auch durch externe Dienstleister bereitgestellt.

An diesem Knotenpunkt müssen stets *aktuelle* Informationen
über die *Eskalationswege* vorhanden sein, d. h. wer ist bei welcher Art von Vorfall zu verständigen und auf welchem Wege
(Namen, Telefonnummern etc.). Falls eine Person auf dem Es-
kalationsweg nicht erreichbar ist, muss es Alternativen geben.

Bei der personellen Ausstattung der zentralen Stelle wird es oft
erforderlich sein, einen Schichtdienst einzurichten; ggf. ist für
eine gleichzeitige Besetzung mit mindestens zwei Personen zu
sorgen.

Für die zentrale Stelle selbst können Sicherheitsvorkehrungen zu
treffen sein, wie etwa eine Sicherheitsüberprüfung des Personals,
Zutrittsbeschränkungen etwa zur Leitwache, separate Kommunikationsmittel, eigenes Meldenetz, unabhängige Stromversorgung für die genutzte technische Ausstattung.

Vielfach ist die Stelle *verteilt* organisiert, d. h. es gibt *mehrere*
Stellen, die jeweils für einen bestimmten Themenbereich zuständig sind. Typisch ist etwa die Aufteilung nach Infrastruktur, IT /

Anwendungen und Netze. Die zuvor skizzierten Anforderungen gelten dann natürlich für jede dieser Stellen.

Incident erfassen, ggf. Sofortmaßnahmen einleiten

Stellt man sich die zentrale Stelle für den Moment als eine Hotline vor, so muss nach Eintreffen einer Meldung folgendes passieren:

— Die wesentlichen Daten des Incidents sind zu erfassen (wer meldet, was liegt vor, wann ist es aufgetreten und wo, ggf. Hinweise zur Ursache, was wurde bereits unternommen).

Ganz klassisch arbeitet man hier mit standardisierten Formblättern – heute aber zumeist mit einem Tool-gestützten (Trouble) Ticket-System.

Bei automatisierten Incident-Meldungen werden die zu erfassenden Daten vielfach direkt in das Ticket-System übernommen und führen zu bestimmten Aktionen.

Je nach Art des Incidents kann es wichtig und richtig sein, Sofortmaßnahmen einzuleiten, um Schäden zu mindern bzw. zu begrenzen oder auch um Zeit zu gewinnen.

— Es müssen klare Regelungen existieren, welche Sofortmaßnahmen in welcher Situation zulässig sind.

Sofortmaßnahmen können bestimmte Qualifikationen bzw. entsprechendes Training erfordern. Sofortmaßnahmen unqualifiziert durchzuführen kann die Lage ggf. noch verschlimmern! Sofortmaßnahmen können auch bestimmte Berechtigungen (Zutritt, Zugriff, Systemnutzung) erfordern.

— Es muss für alle zulässigen Sofortmaßnahmen dokumentiert sein, wer diese ergreifen darf und welche Qualifikation und welche Berechtigungen dabei erforderlich sind.

Incident klassifizieren

In dieser Phase ist eine Entscheidung über mögliche Auswirkungen des Incidents zu treffen. Dabei sind bereits verursachte Schäden und zu erwartende Schäden (wenn nicht angemessen reagiert wird) zu bedenken. Im Ergebnis wird das aufgetretene Incident eine *Klassifizierung* erhalten, die die Schwere des Vorfalls charakterisiert.

Solche Beurteilungen können nicht freitragend vorgenommen werden, sondern müssen nach einem vorab festgelegten und dokumentierten Klassifizierungsschema erfolgen. Dabei sind folgende Regeln zu beachten:

–   Es sollten nicht zu viele Klassen, auf jeden Fall sollte aber eine gerade Anzahl von Klassen festgelegt werden.

Bei einer ungeraden Zahl – z. B. bei drei- oder fünfstufigen Schemata – kommt es immer wieder zum so genannten *Mitteneffekt*, d. h. bei der subjektiven Einschätzung eines Incidents geht der Bearbeiter genau in die Mitte, um sich alle Seiten offen zu halten.

–   An die Klassen müssen Regeln gebunden sein, wie mit den betreffenden Incidents zu verfahren ist.

–   Dieses Klassifikationsschema muss regelmäßig überprüft und ggf. überarbeitet werden.

An die Bearbeiter ist folgende Regel zu kommunizieren: Wenn bei der Beurteilung eines Incidents Unsicherheit insofern besteht, als zwei Klassen „zur Wahl" stehen, ist immer die höhere Klasse zu wählen.

Ansonsten ist die Organisation frei, eine entsprechende Anzahl von Klassen, deren Benennung und Bedeutung festzulegen. Die folgende Tabelle 14 zeigt ein *einfaches* Beispiel.

Bei jeder Klasse sind Textzeilen in der Spalte „Bedeutung" mit „oder" zu verknüpfen. Bei der Klasse B beispielsweise reicht der „Sicherheitsvorfall mit geringen Auswirkungen..." bereits aus, um ein Incident unter B einzuordnen.

Eine gängige Vorgehensweise ist es, die Klassen der Tabelle 14 farblich zu kennzeichnen, d. h. in entsprechenden Unterlagen die Klasse D etwa rot zu markieren, C vielleicht mit orange, B mit gelb usw. Statt Buchstaben A...D kann man natürlich auch Zahlen verwenden.

Eine detailliertere Variante besteht darin, die Klassen B und C in der Tabelle nochmal zu unterteilen – und zwar danach, ob es sich um ein lokales / isoliertes (Klasse B1, C1) oder um ein übergreifendes, mehrere Bereiche betreffendes Incident (Klasse B2, C2) handelt. Bei der Stufe D macht das eher keinen Sinn, weil *Notfall* immer etwas darstellt, das die Organisation als Ganzes massiv trifft.

Problem   In diesem Zusammenhang wird ein übergreifendes (nicht isoliertes / lokal behebbares) Incident auch als *Problem* bezeichnet, womit wir den Ausgangspunkt für ein (übergeordnetes) *Problem*

Management haben. Unsere Klassen C1 und C2 stellen somit *Problems* dar.

Tabelle 14: Klassifizierung eines Incidents

Klasse	Bezeichnung	Bedeutung	Auswirkung
A	Potentielles Incident	Information erhalten über mögliche bzw. denkbare Schwachstellen / Störungen / Sicherheitsvorfälle	bisher keine Schäden
B	Einfaches Incident (Minor Incident)	Geringfügige Störung wichtiger Anwendungen bzw. des normalen Betriebs Sicherheitsvorfall mit geringen Auswirkungen auf die Sicherheitsziele	allenfalls geringfügige Schäden möglich
C	Gravierendes Incident (Major Incident)	Beträchtliche Störung wichtiger Anwendungen bzw. des normalen Betriebs Sicherheitsvorfall mit beträchtlichen Auswirkungen auf die Sicherheitsziele	beträchtliche Schäden möglich
D	Incident vom Typ Notfall (Desaster)	Massive Störung wichtiger Anwendungen bzw. des normalen Betriebs Massives Außerkraftsetzen von Sicherheitszielen	sehr hohe bis katastrophale Schäden möglich

Insbesondere dann, wenn es denkbar ist, dass die Auswirkungen eines Vorfalls über die Organisation hinausgehen, möglicherweise sogar eine ganze Branche oder eine bestimmte Region oder staatliches Handeln insgesamt betreffen, kann man die obige Tabelle noch verlängern – etwa durch eine Klasse E („regionale Krise") und eine Klasse F („großflächiger Schaden").

Alarmierungsgrad Grundsätzlich gilt: Mit steigender Klasse muss den Incidents höhere Aufmerksamkeit zukommen. Dies kann man auch durch einen differenzierten *Alarmierungsgrad* ausdrücken.

Hierbei wird in der Regel mit Zahlen gearbeitet: Die Zahl 0 steht dann für den *Normalbetrieb* (ohne Störung, Sicherheitsvorfall etc.); bei der Klasse 1 spricht man von *Voralarm*, um anzudeuten, dass sich hier etwas Schadenträchtiges entwickelt; die Klasse 2 bezeichnet dann den *Hauptalarm* usw.

Solche Alarmstufen können mit der Tabelle 14 verbunden werden – etwa dadurch, dass Klasse A stets die Alarmstufe 1 auslöst, B die Alarmstufe 2 usw.

Fazit

Sinn solcher Klassifizierungsschemata ist es, die Behandlung von Incidents – orientiert an der Klasse – einheitlich zu gestalten, und zwar möglichst nach einem vorher festgelegten Ablauf.

Das Notfallkonzept und die Notfallhandbücher sind der geeignete Ort, solche Regeln verbindlich festzulegen.

Incident eskalieren

Eskalation

Abhängig von der Art des Incidents und seiner Klassifizierung ist von der zentralen Stelle, die die Meldung des Incidents entgegengenommen hat, eine *Eskalation* durchzuführen, d. h. eine zuständige Stelle zu verständigen, die sich um die weitere Bearbeitung des Incidents kümmert.

Wer ist in dieser ersten Eskalationsstufe angesiedelt? Es muss sich dabei um eine Person oder ein entsprechendes Team (oder Gremium) mit der Entscheidungskompetenz handeln, das Incident zu beurteilen und die konkreten Maßnahmen einzuleiten. Spätestens von dieser Stelle muss eine Entscheidung darüber getroffen werden, ob

– eine *lokale* Behandlung des Incidents ausreichend ist, oder

– das Incident durch eine *übergeordnete Stelle* bearbeitet werden muss.

Wenn die lokale Variante als ausreichend erachtet wird, ist an eine lokale zuständige Stelle – z. B. eine Fachabteilung, die Haustechnik, der IT-Support – zu eskalieren. Andernfalls geht es z. B. an ein übergeordnetes Incident Response Team (IRT).

Wir haben formal unterschieden zwischen der Stelle, die die Meldung entgegennimmt, und der ersten Eskalationsstufe, die sich um das konkrete Incident kümmert. Wem das zu viel Organisation ist, kann natürlich beide Stellen zusammenlegen; das setzt aber voraus, dass der entsprechende Sachverstand vorliegt, um die Tragweite möglicher Incidents zu erfassen.

Incident bearbeiten

Die konkrete Bearbeitung eines Incidents ist natürlich sehr stark von der Art des Vorfalls abhängig. Wir wollen deshalb zunächst versuchen, ein einheitliches Vorgehensmodell festzulegen. Die Idee dabei ist, ein Ablaufschema zu haben, das abhängig von der

Klasse des Incidents verschiedene Einstiegspunkte besitzt, aber stets in der gleichen Reihenfolge durchlaufen wird.

Dieses Reaktionsschema könnte z. B. so aussehen:

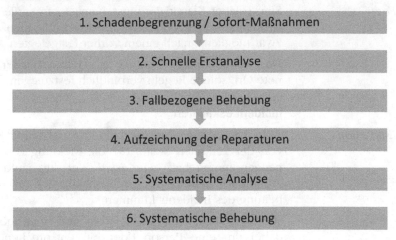

1. Schadenbegrenzung / Sofort-Maßnahmen

2. Schnelle Erstanalyse

3. Fallbezogene Behebung

4. Aufzeichnung der Reparaturen

5. Systematische Analyse

6. Systematische Behebung

Abbildung 15:   Reaktionsschema

Wir nehmen die Tabelle 14 als Klassifikationsschema und betrachten zunächst ein Incident der Stufe D – also einen Notfall.

Entsprechend dem obigen Schema beginnt die Bearbeitung des Incidents mit Schritt 1 *Schadenbegrenzung /Sofortmaßnahmen* – zumindest dann, wenn für den konkreten Vorfall solche Sofortmaßnahmen geplant bzw. sinnvoll sind. Nach einer Symptombezogenen schnellen Erstanalyse (Schritt 2) wird man anschließend im Schritt 3 eine fallbezogene *Reparatur* durchführen, die aber ggf. behelfsmäßigen, überbrückenden oder vorübergehenden Charakter haben darf. Das Ziel ist hier nicht die Lösung mit Sternchen, sondern eine schnelle Wiederherstellung der betroffenen Geschäftsprozesse.

Bei Schritt 4 werden diese temporären Reparaturen aufgezeichnet, bevor dann in Schritt 5 eine detaillierte systematische Analyse über Ursache und Auswirkung des Incidents stattfindet. Dabei ist auch zu untersuchen, warum die vorhandenen präventiven Maßnahmen diesen Vorfall nicht vermeiden konnten. Anschließend sind Korrektur- und Vorbeugemaßnahmen abzuleiten, um weitere Vorfälle dieser Art zu vermeiden. Diese Maßnahmen werden in Schritt 6 umgesetzt. Die Schritte 4 bis 6 können ggf. mit einem gewissen zeitlichen Abstand zum Auftreten des Incidents ausgeführt werden.

Dieses volle Schema wird man bei Incidents der Stufen C, B und A nicht in Gänze abarbeiten: In der Stufe C geht es noch nicht um existenzbedrohende Schäden, so dass man auf schadenbegrenzende Sofortmaßnahmen (Schritt 1) zunächst verzichten kann und bei Schritt 2 einsteigt, dann aber alle Schritte bis zur Nummer 6 durchläuft. Analog wird man bei der Stufe B erst bei Schritt 3 beginnen und eine Symptom-bezogene Reparatur durchführen. Für die Stufe A reicht der Einstieg bei Schritt 4.

Zusammenfassend ergeben sich damit die *Einstiegspunkte* in unser Reaktionsschema:

Klasse D	▶	Schritt 1
Klasse C	▶	Schritt 2
Klasse B	▶	Schritt 3
Klasse A	▶	Schritt 4

Was passiert nun in den einzelnen Schritten?

Grundsätzlich können bei der *Analyse* eines Incident (Schritt 2 und Schritt 5) folgende Aktivitäten sinnvoll sein:

– Befragung zuständiger Personen (über die Historie des Incidents, bereits durchgeführte Arbeiten)

– Inspektion der System-Logbücher und anderer Aufzeichnungen (z. B. über kürzlich erfolgte Änderungen oder besondere Vorkommnisse)

– Ermittlung des Status von IT-Systemen, IT-Anwendungen, Netzwerk-Verbindungen etc.

– Netzwerk-Analyse und -Überwachung (Funktionstests der Netzwerkkomponenten, Diagnose von Verbindungsproblemen zwischen den beteiligten Systemen und Netzen, Polling von Anwendungen)

– System- und Datenanalysen (Plausibilitätsprüfungen, Konsistenzprüfungen, Daten bzw. Speicherinhalte mit Backup-Kopien bzw. Original-Medien vergleichen[35])

Bei Incidents, die kritische Geschäftsprozesse betreffen, geht es immer um die Aufrechterhaltung des Geschäftsbetriebs bzw. um eine kurzfristige Rückkehr in den Normalzustand nach Unterbrechungen.

---

[35] Prüfsummen, Signaturen, auch: kompletter Binärvergleich

Sofern bei einem Ausfall redundante Systeme und Versorgungen als Hot Standby bereitstehen und *automatisch* eine schnelle Umschaltung erfolgt, gewinnt man Zeit für die Wiederherstellung der ausgefallenen Ressource.

Andernfalls sind Unterbrechungen unvermeidbar – ggf. auch mit entsprechenden Verlusten. Sind die Ausfallzeiten nicht tolerierbar, ist eine Überbrückung bzw. ein Notbetrieb ggf. mit reduzierter Performance sinnvoll, bis der Wiederanlauf erfolgt ist.

Deshalb wird es bei Schritt 3 und Schritt 6 z. B. um folgende Aktivitäten gehen:

– Manuelle Umschaltung auf vorhandene Ersatz- bzw. Ausweichressourcen (Daten, Dienste/Anwendungen, Systeme, Netzstrecken, Versorgungen) und Anlauf dieser Standby-Lösungen

– Vorbereiten und Aktivieren von Überbrückungen bzw. eines Notbetriebs

– Recovery einer Ressource (Systeme, Anwendungen, Daten)

– Neuaufsetzen von benötigten Ressourcen (Systemen, Anwendungen, Versorgungen) und entsprechender Wiederanlauf der Dienste

Recovery

Als *Recovery* bezeichnen wir das Fortsetzen des Betriebs nach Beheben des Incidents mit Aufsetzen

– auf einem älteren korrekten Stand vor dem Auftreten des Incidents (Backward Recovery),

– auf einem extrapolierten zukünftigen Stand (Forward Recovery).

Bei *Backward* Recovery sind alle Aktivitäten zwischen dem älteren Stand und dem Zeitpunkt des Incidents ggf. verloren und müssen erneut durchlaufen werden. Ein Spezialfall ist das *Rollback* bei Datenbanken, bei dem auf den Zeitpunkt nach der letzten abgeschlossenen (erfolgreichen) Transaktion zurückgesetzt wird – was entsprechende Aufzeichnungen (Journale) voraussetzt.

Bei *Forward* Recovery wird ebenfalls ein korrekter älterer Stand zugrundegelegt, sodann werden vorhandene Aufzeichnungen (Backups, Logfiles, Journale, etc.) herangezogen, um die unvollständigen Transaktionen zwischen dem älteren Stand und dem Zeitpunkt der Incidents wiederherzustellen bzw. abzuschließen.

Neuaufsetzen

Ein *Neuaufsetzen* z. B. von Systemen und Anwendungen kommt dann in Frage, wenn der Betrieb von Grund auf neu aufgebaut und gestartet werden muss, weil die Systeme defekt sind, Anwendungen und Daten korrumpiert sind, Software neu installiert werden muss; dabei kann hinsichtlich der Daten wiederum Backward oder Forward Recovery zur Anwendung kommen.

Mit den skizzierten Techniken kann man Probleme mit der Verfügbarkeit und Integrität beheben – *zwei* Arten von Sicherheitsproblemen. Das *dritte* Problem ist der Verlust der Vertraulichkeit von Informationen – an dem im Grunde jedoch nichts mehr zu beheben ist (wenn bereits eingetreten). Hier bleiben „nur" zwei Aktionen übrig: den gegebenen Fall analysieren und Vorsorge zur Vermeidung weiterer Vorfälle treffen.

Beweissicherung

Bei allen Sicherheitsproblemen wird die Ursachenermittlung im Vordergrund stehen, vielfach auch die Frage nach dem Urheber. Dann wird die *Beweissicherung* besonders wichtig.

Hierbei sind besondere analytische Aktivitäten (Forensik) erforderlich, um zu vermeiden, dass bei der Ursachenermittlung Anhaltspunkte („Spuren") zerstört werden. Ggf. sind bei bestimmten IT-Systemen Speicherinhalte (Arbeitsspeicher, Auslagerungsdateien etc.) zu sichern, bevor das System erneut eingeschaltet wird und diese Informationen möglicherweise verloren gehen.

In Anbetracht der juristischen Implikationen ist zu überdenken,

– ob die Untersuchung eines Vorfalls durch *eine* Person ausreicht oder durch mindestens zwei Personen erfolgen sollte,

– wie eine Verknüpfung der Beweise mit Zeit und Datum erfolgt,

– wo und wie die manipulationssichere Aufbewahrung von Beweisen stattfindet.

Incident abschließen

Vor dem Abschließen eines Incidents sind folgende Daten zu erfassen (manuell auf dem Formblatt oder ins Ticket-System einpflegen):

– Analyse der Ursache des Incidents

– Wenn lösbar: Angaben zur Lösung

– Wenn nichtlösbar: Weitere Behandlung

– Anmerkungen z. B. über Folgemaßnahmen, zur Wirksamkeitsprüfung

– Datum, Bearbeiter/Team, Unterschrift

Konnte das Incident nicht erfolgreich bearbeitet werden, ist zu entscheiden, welche Folgeaktionen auszulösen sind. Dies kann das Neuanlegen eines Tickets, eine Höherstufung des vorhandenen Tickets sowie die weitere Eskalation des Tickets sein.

Mit dem Abschließen sind auch die folgenden Aktivitäten verbunden: das Archivieren von Aufzeichnungen, die Freigabe der Daten zur Auswertung und für Berichte.

Incident der Auswertung zuführen

Grundsätzlich sollten die Informationen über aufgetretene Incidents und deren Bearbeitung dem IT-Sicherheitsmanagement zur Verfügung stehen, um

– präventive Maßnahmen zur Vermeidung ähnlicher Incidents ableiten zu können,

– die Risikoanalyse und -bewertung (wenn nötig) anzupassen und

– ggf. Awareness-Maßnahmen (Sensibilisierung, Schulung, Training) aufzusetzen.

Sinngemäß gilt das ebenso für das Notfallmanagement, wobei die Lerneffekte (lessons learned) für den Prozess der Notfallbewältigung im Vordergrund stehen, aber auch Input für Notfallübungen anfallen kann.

7.2 Incident Management Tools

Neben der Planung und Implementierung von Rollen und Verantwortlichkeiten für diese Aktivitäten eines effektiven Incident Managements ist eine gute Unterstützung mit effizienten Werkzeugen von eminenter Wichtigkeit.

Eine herausragende Rolle für das Incident Process Management spielen dabei Software-Werkzeuge für die Unterstützung des Service Desks bzw. Help Desks. Sie lassen sich in folgende Komponenten unterteilen:

– Trouble-Ticket-Systeme

– Automatisierung von Arbeitsabläufen gemäß ITIL Standards und existierenden Service Level Agreements

- Incident, Problem und Change-Management mit CMDB-Unterstützung[36]

- Abarbeitung von Regeln zur Verhinderung von kostenpflichtigen Verletzungen der Service Level Agreements

▶ **Trouble-Ticket-Systeme**

Die primäre Aufgabe eines Trouble-Ticket-Systems ist die Erfassung von Störungen und Fehlern sowie die Überwachung der Bearbeitung, der Bearbeitungsdauer und der Qualität der Bearbeitung.

Dafür wird beim Eingang einer Störung oder einer Fehlermeldung manuell oder automatisch ein *Ticket* generiert – eine elektronisch bearbeitbare Datei, in die alle relevanten Daten des Incidents und seiner Bearbeitung eingetragen werden. Mit dem Ticket verbunden ist ein vorgegebener Bearbeitungsablauf mit automatischer Benachrichtigung bei Ereignissen, z. B. Zwischeninformation oder weiteren zusammenhängenden Störungen.

Bereits vorgegeben sind weitere Datenfelder für eine statistische Auswertung aller Anfragen sowie eine Verteilung und Zuordnung der Bearbeiter – hier oft auch *assignee groups* genannt.

In den Tickets werden systematisch alle Fragen und Antworten, die zu einer Störung oder zu einem Fehler entstehen, gesammelt. Es werden Aufgaben, Termine, Anrufe und Notizen unter einem Ticket mit eindeutiger Kennzeichnung gespeichert.

In den meisten Trouble-Ticket-Systemen ist eine automatische Zuordnung von E-Mails zu Tickets, beispielsweise über die *Betreff*-Zeile möglich.

Sollen mehrere Personen mit unterschiedlichen Rollen oder gar Kunden auf die Tickets zugreifen, ist eine differenzierte Sperrung und Sichtbarkeit von Feldern je nach Rechtevergabe notwendig. Von Vorteil ist es, wenn zum Setzen und Ändern von Rechten mehrere Elemente gleichzeitig bearbeitet werden können.

Nach Änderung von wesentlichen Ticketbestandteilen versenden die Trouble-Ticket-Systeme automatisch Benachrichtigungen an Personen und Instanzen, die vorher in einem entsprechenden Verteiler festgelegt wurden.

---

[36] CMDB = Configuration Management Database

Trouble-Ticket-Systeme erstellen in der Regel automatisch ein Protokoll mit der Möglichkeit der Einsicht des Fortschritts bei der Bearbeitung des auslösenden Ereignisses.

▶ **Automatisierung von Arbeitsabläufen gemäß ITIL Standards und existierenden Service Level Agreements**

Help Desk Software, die speziell bei Dienstleistern zum Einsatz kommt, enthält häufig zusätzlich automatisierte Arbeitsabläufe zu Service-Erbringung nach ITIL (*Service Delivery*).

Dazu werden aktuelle Informationen zu Hard- und Software eines vom Störfall betroffenen Kunden direkt aus einer Konfigurationsdatenbank (Configuration Management Database, CMDB) abgefragt.

In dieser Datenbank sind ebenfalls die Details der Kundenverträge, der sogenannten Service Level Agreements (SLA), mit ihren zeitlichen Restriktionen (SLA-Timeline) für Reaktion, Wiederanlauf, Dauer des Ausfalls etc. abgelegt. Diese Daten werden bei der Darstellung des Bearbeitungsfortschrittes in den Soll-Ist-Vergleich, die Priorisierung, die Berechnung von Qualitätskennzahlen etc. miteinbezogen.

Weitere Komponenten sind die Pflege umfassender Kunden- und Kontakthistorien sowie die in Abschnitt 2.6 beschriebenen Schnittstellen zu Change und Problem Management.

▶ **Incident, Problem und Change Management mit CMDB-Unterstützung**

Störfälle oder Fehler ziehen fast immer Änderungen in der IT-Infrastruktur nach sich, haben also *Changes* gemäß ITIL zur Folge. Für bestimmte Zustände von Changes wie

— Erstellung von Rückkehr zum vorherigen Zustand (Back out) oder

— Wiederaufnahme der Produktion (Turn Into Production, TIP)

gibt es vorgegebene Autorisierungsstufen, die in der nach ITIL ausgerichteten Help Desk Software automatisiert abgearbeitet werden.

Bei Changes ändern sich häufig Daten oder Attribute einzelner IT-Komponenten (Configuration Items, CI), die direkt über die Help Desk Software in der Konfigurationsdatenbank (Configuration Management Database, CMDB) gepflegt werden.

Ein Störfall oder Fehler, der nach einer vorgegebenen Zeitdauer nicht vom Help Desk und der eigenen Fachabteilung (*Second Level Support*) erfolgreich bearbeitet werden kann, eskaliert zum Problem, für das nach ITIL weitere Arbeitsabläufe notwendig sind.

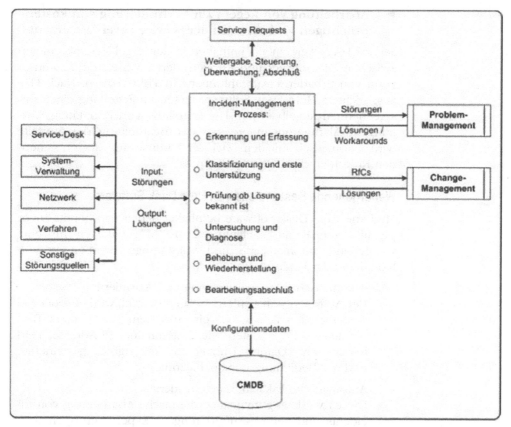

Abbildung 16:   Übergang Incident -> Problem Management[37]

Über das Problem Management werden unbekannte Ursachen für tatsächliche und potenzielle Störungen innerhalb der IT Services untersucht, ihre Behebung wird gesteuert. Anders als das Management für Störfälle und Fehler arbeitet das Problem Management sowohl reaktiv als auch proaktiv. Ein wesentliches Ziel ist hierbei die *dauerhafte* Problemlösung. Dabei werden die Hersteller von Hard- und Software-Komponenten mit in den Lösungsprozess einbezogen (*Third Level Support*).

---

[37]   Quelle: www.netcons.net/im_itil.htm

Das Problem Management analysiert mögliche oder bereits eingetretene Störungen und identifiziert daraus Probleme, die genauer untersucht werden sollen. Die Ursachen werden analysiert und Maßnahmen zu ihrer Verhinderung oder Behebung entwickelt.

► **Abarbeitung von Regeln zur Verhinderung von kostenpflichtigen Verletzungen der Service Level Agreements**

Service Level Agreements enthalten in der Regel Vereinbarungen zwischen Dienstleister und Kunden, deren Verletzung Strafen in Form von Schadensersatzzahlungen zur Folge haben. Nach ITIL ausgerichtete Help Desk Software bietet die Erstellung einer entsprechenden Regelbasis an. Die Erstellung von Prioritäten, Warnungen, Alarmierungen etc. bei der Bearbeitung der Störfälle wird automatisch mit dem Ziel der Minimierung der entstehenden Kosten an diese Regeln angepasst.

Weitergehende Bestandteile von Help Desk Software

Moderne Help Desk Software beinhaltet neben den bereits zuvor geschilderten Funktionalitäten weitere Möglichkeiten für eine weitgehend automatisierte und vollständige Bearbeitung von Störfällen oder Fehlern:

– Automatisches Incident Logging und Alarmierung
  Bei Auftreten von Fehlern in Servern, Netzwerken oder bei weitergeleiten Fehlen von einem System Management Tool werden wichtige Daten wie Systemname, IP-Adresse, Fehlernachricht, Datum, Uhrzeit etc. in Logfiles geschrieben und das Bedienungspersonal alarmiert.

– Automatische Eskalation des Incidents
  Dieses Werkzeug unterstützt die rasche Abarbeitung von Incidents und Service-Anforderungen. Expertengruppen werden automatisch über den Stand des Incident-Prozesses informiert und müssen keine Listen überprüfen und nach für sie bestimmte Aktionen durchsuchen.

– Flexible Weiterleitung von Incidents
  Bei weltweit agierenden Unternehmen mit einer verteilten IT-Infrastruktur kann der Fall eintreten, dass ein Incident beim lokalen Help Desk gemeldet wird, aber von einer Facheinheit an einer anderen Lokation, etwa in einem anderen Land, bearbeitet werden muss. Dabei ist ein flexibles Weiterleiten der Incident-Meldung für eine effektive und effiziente Bearbeitung von großer Wichtigkeit.

- Automatische Extraktion von Daten
  Eine automatische Extraktion von Daten aus der Konfigurationsdatenbank (CMDB) über eine ausgefallene oder fehlerhafte Komponente sowie deren Auswirkungen auf andere Komponenten der IT-Infrastruktur ist für eine rasche Eingrenzung der Fehlerursache sehr hilfreich.

- Spezialisierte Software
  Zur Unterstützung der Klassifikation von Incidents und automatischem Abgleich möglicher Fehlerursachen lässt sich spezialisierte Software mit entsprechenden Wissensbasen einsetzen.

- Integration der Telefonanlage in die Incident-Bearbeitung
  Durch die Integration der Telefonanlage in die Störfall-Annahme können Namen und Telefonnummer des meldenden Anwenders direkt in die Dokumentation des Incidents aufgenommen werden.

- Diagnostik-Werkzeuge
  Es gibt eine Reihe von Werkzeugen, die den Diagnose-Prozess von Incidents für eine schnelle Feststellung der Ursache unterstützen. Als Beispiele seien hier Werkzeuge zur Netzwerk-Analyse angeführt.

Metriken

Bei der oben angeführten Betrachtung von Tools zur Unterstützung beim Management des Incident-Prozesses müssen wir uns vergegenwärtigen, dass nur sinnvolle Eingriffe für Prozessschritte möglich sind, deren Einflüsse objektiv gemessen werden können. Im Normalfall ist der Incident Manager zuständig und verantwortlich für die Berichterstattung über die Abarbeitung des Incidents. Zu einem umfassenden Report gehören klar definierte Abschnitte mit messbaren Zielen des Incident-Prozesses.

Zu den allgemeinen Metriken, die für den Nachweis der Effektivität und Effizienz des betrachteten Incident Management-Prozesses gehören, zählen folgende Beispiele:

- Das *Incident-Volumen* bezieht sich auf die Gesamtanzahl der Incidents, die durch den aktuellen Incident Management-Prozess bearbeitet werden.

- Die *Bearbeitungszeit* zeigt an, wie viel Zeit für eine Lösung oder Umgehung eines Incidents benötigt wurde.

– Die *Incident-Antwortzeit* gibt an, wie viel Prozent der vorliegenden Incidents innerhalb der in Service Level Agreements vertraglich festgelegten Antwortzeiten vollständig abgearbeitet wurden.

– *Durchschnittliche Kosten* eines Incidents.

– Der *prozentuale Anzahl unmittelbar abgeschlossener Incidents* verweist auf die prozentuale Anzahl von Incidents, die vom Service Desk ohne die Einbeziehung weiterer Support-Einheiten abgeschlossen werden konnte.

– *Anzahl und prozentualer Anteil von Incidents*, die *ohne physische Eingriffe* durch Fernzugriff behoben werden konnten.

Schnittstellen des Incident Management-Prozesses

Zwischen dem Incident Management-Prozess und anderen IT Service Management-Prozessen existieren Beziehungen:

– Die *Configuration Management Database (CMDB)* definiert die Beziehungen zwischen Ressourcen, Diensten, Anwender und Service Level.

Betrachten wir als Beispiel den Ausfall eines Servers. In der CMDB sind alle zugehörigen Prozesse, Applikationen und Schnittstellen dokumentiert, so dass alle nachgelagerten Auswirkungen unmittelbar festgestellt werden können.

– Das *Problem Management* stellt Informationen über Probleme, bekannte Fehler, Umgehungen und schnelle Abhilfe bereit.

– Das *Change Management* beinhaltet Informationen über geplante Änderungen und deren Status.

– Das *Service Level Management* überwacht die Service Level Agreements mit dem Kunden über den zugesagten Support.

– Das *Availability Management* misst die Verfügbarkeit von Services und verwendet dazu die Incident-Berichte und das Status Monitoring des Konfigurationsmanagements.

– Das *Kapazitätsmanagement* stellt sicher, dass die benötigten Ressourcen wie CPU, Speicher, etc. den Anforderungen genügen. Die Beziehung zum Incident Management ergibt sich durch die Tatsache, dass Incidents durch ungenügenden Speicherplatz oder lange Antwortzeiten hervorgerufen werden können.

An dieser Stelle soll daran erinnert werde, dass der Incident Management-Prozess mit weiteren Prozessen des IT Service Managements verflochten ist, was auch bei der Auswahl der Werkzeuge und deren Implementierung zu beachten ist. Die Werkzeuge liefern nur dann valide Ergebnisse, wenn die benötigten Prozesse dazu korrekt abgearbeitet werden.

Kosten für Werkzeug-gestütztes Incident Management

Abschließend zu diesem Kapitel wollen wir die anfallenden Kosten für den Werkzeug-gestützten Incident Management-Prozess beleuchten.

Die anfallenden Kosten lassen sich unterteilen in Kosten für die Implementierung und für den Betrieb.

Zu den *Kosten für die Implementierung* zählen die Kosten für

– die Tools,

– die Ausbildung des Personals,

– die Definition und den Entwurf benötigter Arbeitsabläufe sowie

– die dazu benötigten IT-Ressourcen.

Die *Betriebskosten* setzen sich im Wesentlichen zusammen aus den Kosten für

– die Wartung,

– die Lizenzen und

– den Betrieb der eingesetzten IT-Ressourcen.

Probleme beim Einsatz von Werkzeug-gestütztem Incident Management

Es soll nicht verschwiegen werden, dass für den erfolgreichen Einsatz eines Tool-basierten Incident Managements auch einige Probleme zu lösen sind:

– Anwender und IT-Personal umgehen die Prozeduren des Incident Managements.

Dies führt zu einer falschen Datenbasis – zum Beispiel über die Erfüllung des Service Levels und die Anzahl der aufgetretenen Incidents.

–   Rückstau ungelöster Incidents

Dieser Umstand erschwert die effektive Abarbeitung von Incidents, da durch Zeitüberschreitungen aufwändige Eskalationen ausgelöst werden können.

–   Nicht vollständige Service-Kataloge und Service Level Agreements

Fehlen beispielsweise Bearbeitungszeiten oder Eskalationsprozeduren, können sich drastische Verzögerungen bei der Abarbeitung von Incidents einstellen. Eine Unterstützung durch entsprechende Werkzeuge für die Nachverfolgung wird mit großer Wahrscheinlichkeit keine verwertbaren Ergebnisse liefern.

–   Keine Akzeptanz durch das Personal

Effektives Incident Management muss vom ausführenden Personal akzeptiert sein. Es reicht nicht aus, eine nicht vom Nutzen überzeugte Betriebsmannschaft lediglich mit der Ausführung zu beauftragen.

8   Notfallbewältigung

8.1   Die temporäre Notfallorganisation

Die nachfolgend beschriebene Notfallorganisation hat insofern temporären Charakter, als sie nur beim Eintritt von Notfällen aktiviert und nach deren Behebung wieder deaktiviert wird. Sie tritt nur zur *operativen* Notfallbewältigung an.

Diese Notfallorganisation besteht üblicherweise aus einem Krisenstab[38] und entsprechenden Notfallteams.

Krisenstab

Der Krisenstab plant, veranlasst, koordiniert und überwacht alle Aktivitäten zur Notfallbewältigung und de-eskaliert den Notfallstatus, sobald der Notfall behoben ist.

Ziel der Arbeit muss eine schnelle Entscheidung über alle für die Notfallbewältigung wesentlichen Aspekte sein.

Leitungs-entscheidungen

Welche Art von Entscheidungen sind zu treffen?

Zunächst fallen Entscheidungen über einzelne Maßnahmen, über den Personaleinsatz, die Ersatzbeschaffung z. B. von Geräten oder die ersatzweise Nutzung von Dienstleistern an.

Bei der Notfallbewältigung spielen finanzielle Mittel immer eine Rolle; bei manchen Notfällen sind jedoch ad hoc Entscheidungen über einen kurzfristigen Mitteleinsatz erforderlich.

Im Zusammenhang mit (Dienstleistungs-, Beschaffungs-, Lizenz-) Verträgen und Gesetzen müssen auch juristische Aspekte beachtet werden.

Es kann im Zuge der Notfallbewältigung notwendig werden, bestimmte für den Normalbetrieb geltende Regeln oder auch andere Zuständigkeiten zu brechen, um den Notfall möglichst schnell beseitigen zu können. Darunter fällt auch das zeitweise Deaktivieren von Sicherheitsmaßnahmen. Dies kann in einzelnen Wiederanlaufplänen bereits vorgesehen sein oder sich bei einem konkreten Notfall punktuell als notwendig herausstellen.

Aus der Diskussion dieser Punkte wird klar, dass im Krisenstab *Leitungsentscheidungen* zu fällen sind.

---

[38]   auch: Crisis Intervention Team (CIT)

Besetzung

Vor diesem Hintergrund kann die Frage, wer im Krisenstab vertreten sein soll, so beantwortet werden: Grundsätzlich die Leiter der Bereiche, die vom Notfall betroffen sind, sowie Leiter der Bereiche, die an der Notfallbewältigung beteiligt sind.

Darüber hinaus könnten einzelne Stabsfunktionen wie der Notfallbeauftragte und der Sicherheitsbeauftragte einbezogen werden. Ob als dauerhafte Mitglieder des Krisenstabs weitere Funktionsträger dazu gehören sollten, ist auch unter dem Gesichtspunkt der Entscheidungsfähigkeit des Gremiums zu sehen. Die Mitgliederzahl muss deshalb begrenzt werden! Es besteht ja unabhängig davon die Möglichkeit, bei Bedarf weitere Personen hinzuzuziehen.

Regelbruch

Nicht den Regeln folgende Aktivitäten bei der Notfallbewältigung *können* zu neuen Problemen führen. Beispielsweise wäre es denkbar, dass in Folge einiger deaktivierter Sicherheitsmaßnahmen personenbezogene Daten offen zugänglich sind. Ob dies tolerierbar ist, wäre ggf. vom Datenschutzbeauftragten zu entscheiden, der aus diesem Grunde vom Krisenstab gehört werden müsste.

Notfallteam

Notfallteams haben die Aufgabe, auf Weisung des Krisenstabs

– alle zur Lagefeststellung und -beurteilung erforderlichen Untersuchungen durchzuführen und

– alle zur Wiederherstellung des Betriebs notwendigen Arbeiten auszuführen, und zwar in der Regel nach den festgelegten Wiederanlaufplänen, ggf. aber auch nach besonderen Vorgaben des Krisenstabs.

Sie berichten über Fortgang der Arbeiten an den Krisenstab und melden den Erfolg bzw. Misserfolg.

Auch für Notfallteams gilt, dass sie sich bei Bedarf weiterer Unterstützung bedienen können: Spezialisten für bestimmte Produkte und Anwendungen (etwa beim Hersteller oder Lieferanten) zählen dazu, aber auch Sicherheitsexperten bei CERT-Diensten und externe Berater.

Mit der generischen Vorgehensweise beim Incident Management (wie in Kap. 7 beschrieben) kann man auch Notfälle bearbeiten. Wir wollen jedoch die drei Schritte Eskalieren – Bewältigen – Abschließen vertiefen.

8.2   Eskalation bei potenziellen Notfällen

Eskalation

Wir beginnen mit dem Schritt der Eskalation und erinnern uns, dass die Stelle, die das fragliche Incident aufnimmt, grundsätzlich an eine zuständige Person oder ein entsprechendes Gremium eskaliert. Bei einem Notfall ist dies die (temporäre) Notfallorganisation. Dabei kann es sich

–   um den vollständigen Krisenstab oder

–   um einen „kleinen" Krisenstab, ggf. auch nur um eine einzige Person (Krisenleiter)

handeln. Der kleine Krisenstab führt eine Sichtung des Problems durch und beruft erst bei Bedarf den „großen" Krisenstab ein. Der Sinn ist, Vorfälle zu filtern und nochmal zu prüfen, ob es sich wirklich um einen Vorfall der höchsten Kategorie handelt, d. h. bei Fehlalarmen sollen Ressourcen geschont werden.

Falls sich die Einschätzung als Notfall bestätigt, tritt der (volle) Krisenstab zusammen und koordiniert die weiteren Aktivitäten.

Krisenzentrum

Es stellt sich die Frage, wo der Krisenstab tagen soll. Es kann sinnvoll sein, dazu ein besonderes, isoliertes Krisenzentrum einzurichten – vor allem dann, wenn es um große Organisationen geht oder die zu behandelnden Notfälle einen gewissen räumlichen Abstand vom Ort des Notfalls erfordern.

In kleineren Kontexten und wenn es um mehr IT-bezogene Notfälle geht, sollte ein geeigneter, schnell erreichbarer Raum festgelegt werden, der möglichst nur vom Krisenstab genutzt wird – schon deshalb, um bei einem Notfall nicht noch Zeit mit der Suche nach einem freien Besprechungsraum zu verlieren.

8.3   Notfall bewältigen

Rollenverteilung

Es hat sich bewährt, eine gewisse Rollenverteilung im Krisenstab festzulegen. Im Grunde geht es um eine Art Geschäftsordnung: Wer moderiert, wer gibt den Lagebericht, nach welchen Regeln werden Maßnahmen abgestimmt, beschlossen und kommuniziert usw. Solche Festlegungen dienen dazu, Zeit zu sparen. An dieser Stelle sei nochmal darauf hingewiesen, dass die Abläufe beim Krisenstab in Notfallübungen trainiert werden sollten.

Kommunikation

Es ist klar, dass die *Kommunikation* ein zentrales Element der Notfallbewältigung ist. Das betrifft zumindest die interne Kommunikation zwischen Krisenstab und den aktiven Notfallteams (in beide Richtungen). Es kann darüber hinaus erforderlich sein, mit Externen zu kommunizieren – vielleicht mit externen Spezialisten (den Punkt haben wir schon unter 8.1 behandelt) oder mit Hilfsdiensten oder gar Aufsichtsbehörden.

Vor diesem Hintergrund ist eine sichere Kommunikationsinfrastruktur unerlässlich, die im Krisenzentrum vorhanden sein sollte, Zugang zu allen benötigten Informationen ermöglicht und nicht selbst von den betrachteten Ausfällen betroffen ist. Wir behandeln diesen Punkt vertiefend in Abschnitt 8.5.

Die Notfallbewältigung verläuft in der Regel nach folgendem Schema, in dem man den Gedanken des PDCA wiedererkennt:

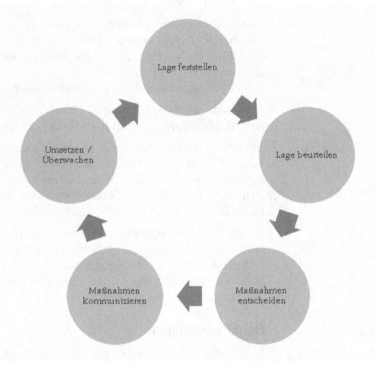

Abbildung 17:   Zyklus der Notfallbewältigung

Lagefeststellung   Der erste Schritt ist die Analyse der Lage. Hierbei ist es erforderlich, dass der Krisenstab über alle relevanten Informationen verfügt, um die Situation beurteilen und weitere Entscheidungen treffen zu können.

Dazu gehören Antworten auf folgende Fragen: Was ist wo und wann passiert? Welche Geschäftsprozesse sind betroffen? Welche Auswirkungen sind bereits jetzt gegeben? Sind Sofortmaßnahmen eingeleitet worden? Was kann im weiteren Zeitablauf passieren?

Es kann erforderlich sein, Spezialisten oder Notfall-Teams damit zu beauftragen, weitere Informationen vor Ort zu beschaffen, um die Ursachen und Auswirkungen eines Notfall-Incidents möglichst präzise einschätzen zu können, bevor Entscheidungen über weitere Maßnahmen getroffen werden.

Lagebeurteilung Die Lagebeurteilung besteht darin, dass im Krisenstab ein gemeinsames Verständnis des Vorfalls hergestellt wird, die eingetretenen Schäden und die möglichen weiteren Auswirkungen beurteilt werden. Weiterhin sind Lösungsoptionen zu entwickeln. Über die Ergebnisse sollten – zumindest stichwortartig – Aufzeichnungen vorgenommen werden.

Maßnahmen Nach der Lagebeurteilung muss der Krisenstab Entscheidungen über die weiteren Maßnahmen treffen und diese kommunizieren:

– Sofortmaßnahmen, die eingeleitet werden müssen

– Überbrückungen (jedweder Art), die angefordert werden

– einzuholende Expertisen (intern, extern), Ersatzbeschaffungen und -bereitstellung

– Wiederanlauf von Geschäftsprozessen und Ressourcen

Mit diesen Arbeiten werden entsprechende Notfall-Teams beauftragt. Hierbei kann es sich um Teams handeln, die für den aktuellen Vorfall vorgesehen sind oder aber ad hoc gebildet werden müssen. Eine entsprechende Bereitschaft von Personal und Teams sowie ihre Erreichbarkeit sind an dieser Stelle essentiell.

Die eingesetzten Teams können nur dann sinnvoll arbeiten, wenn sie über ausreichende Informationen (Notfallhandbücher, Wiederanlaufpläne, Inventarisierung der Komponenten, Handbücher für technische Systeme etc.) sowie erforderliche Werkzeuge verfügen. Die Ausstattung der Teams wird uns noch in Abschnitt 8.5 beschäftigen.

Im Zusammenhang mit ausgelagerten Standby-Lösungen kann es erforderlich sein, Dienstleister zu kontaktieren und die Aktivierung der Standby-Lösung anzustoßen.

Überwachung Die Arbeiten der Teams (und weiterer Spezialisten, ggf. auch Dienstleister) sind vom Krisenstab zu überwachen, und zwar in dem Sinne, dass sie über den Fortgang der Arbeiten, noch benötigte Zeiten, besondere Probleme, ggf. auch unzureichende Ressourcen kurzfristig informiert werden und hier Abhilfe schaffen können.

Im Idealfall ist nach einmaligen Durchlauf des Regelkreises in der Abbildung 17 der Notfall behoben. In der Praxis kann es jedoch vorkommen, dass

– sich nach einzelnen Bearbeitungsschritten eine neue Lage ergibt, die andere Entscheidungen und Maßnahmen erfordert, so dass der Zyklus ggf. mehrfach durchlaufen werden muss,

– die Notfallbehebung ihrerseits zu neuen Incidents führt („Kaputt-Reparieren") oder weitere Geschäftsprozesse in Mitleidenschaft zieht, oder

– die geplante bzw. beauftragte Notfallbehebung schlichtweg scheitert (d. h. vertagt werden muss bzw. viel länger dauert, als erwartet).

Beim ersten Punkt wird deutlich, wie wichtig eine gute, schnelle Kommunikation zwischen den Entscheidern im Krisenstab und den Mitgliedern der Notfallteams ist.

Bei dem zweiten Punkt kommt die Kritikalität der betroffenen Geschäftsprozesse insofern zur Anwendung, als sich hieraus die einzuhaltende Reihenfolge der Arbeiten ableiten lässt und eine chaotische Situation vermieden wird.

Beim dritten Punkt kann die Ursache für das Scheitern darin liegen, dass

– vorgesehene Überbrückungen nicht funktionstüchtig bzw. ihrerseits ausgefallen sind,

– die Behebung des Notfalls aufgrund seiner Komplexität mit den begrenzten Personalressourcen nicht mehr in akzeptabler Zeit erfolgen kann, oder

– die Art des Notfalls unvorhersehbar und damit die Behebung nicht planbar war.

Es kann eine Option sein, für solche Fälle – nämlich Restrisiken der Notfallbewältigung – finanzielle Verluste durch eine Versicherung absichern zu lassen.

8.4   Notfall abschließen

De-Eskalierung   Das Abschließen eines Notfall-Incidents folgt dem allgemeinen Schema des Incident Managements. Als besondere Aktivität tritt hier das *De-Eskalieren* des Notfalls hinzu. Hierunter versteht man

– die Feststellung durch den Krisenstab, dass der Notfall behoben ist,

–   die Kommunikation dieser Tatsache an alle Beteiligten (intern, ggf. auch extern),

–   die Beauftragung von Restarbeiten (z. B. dokumentativer Art, besondere Berichte und Auswertungen), sowie

–   die Auflösung des Krisenstabs.

Unter den Punkt „besondere Berichte" fällt sicherlich die finanzielle Bilanz des Notfalls. Bei den Auswertungen wird es um das Verbesserungspotenzial beim Notfallmanagement, der Arbeit des Krisenstabs und der Notfallteams, sowie den einzelnen Phasen der Notfallbewältigung gehen. Es können sich auch Forderungen nach zusätzlichen bzw. standfesteren präventiven Maßnahmen ergeben – z. B. dann, wenn die Bewältigung des konkreten Notfalls gezeigt hat, dass Kosteneinsparungen durch geeignete Standby-Lösungen möglich sind.

8.5   Die Notfall-Ressourcen

In den vorausgehenden Abschnitten haben wir schon das eine oder andere Hilfsmittel bei der Notfallbewältigung angesprochen. Wir wollen dies etwas systematisieren, indem wir die Notfallbewältigung als einen *Management-Prozess* der Organisation betrachten und hierfür – wie für jeden anderen Geschäftsprozess – eine Bilanz der benötigten Ressourcen erstellen.

Organisation   Der Prozess selbst muss organisiert sein, d. h. es muss einen Prozessverantwortlichen und eine Prozessbeschreibung geben. Der Prozessverantwortliche wird in der Regel der Notfallbeauftragte sein. Die Prozessbeschreibung ist nach unserer Systematik im Notfallkonzept enthalten. Der Prozess ist regelmäßig zu überprüfen und ggf. zu aktualisieren.

Die bei der Notfallbewältigung aktivierte temporäre Organisation (Krisenstab und Notfallteams) müssen etabliert und personell besetzt sein. Die Verfahrensbeschreibungen (z. B. eine Geschäftsordnung des Krisenstabs, die Notfallhandbücher und Wiederanlaufpläne für die Notfallteams) müssen vorliegen.

Die Kommunikation zwischen Krisenstab und Notfallteams, mit Bereitschaftdiensten, externen Unterstützern, ggf. Aufsichtsbehörden ist (ausfallsicher) zu organisieren.

Für alle bei der Notfallbehebung erforderlichen Mittel ist – soweit diese einem Alterungsprozess bzw. Änderungen unterliegen – ein Erneuerungs- bzw. Pflegeprozess aufzusetzen (s. Absatz zu Hilfsmitteln weiter unten).

Personal   Für alle bei der Notfallbewältigung erforderlichen Rollen muss entsprechendes Personal vorhanden sein, das über ausreichende Qualifikation und entsprechendes Notfalltraining verfügt.

Vorhanden sein meint eine formelle Besetzung (= Übertragung der Aufgaben) und eine Bereitschaft bei einem konkreten Notfall. Beim Thema Bereitschaft sind die üblichen Probleme (Urlaub, Krankheit, Dienstreise) zu berücksichtigen.

Die Anforderungen an die Qualifikation sollten schriftlich festgelegt sein und bei der Rollenbesetzung beachtet werden. Hinsichtlich des Trainings ist ein entsprechender Trainingsplan zu erstellen, der für jede Rolle die Art des erforderlichen Trainings, Trainingstermine sowie ggf. die Notwendigkeit periodischer Wiederholungen festlegt.

Informationen   Für den Krisenstab und die Notfallteams ist der Zugang zu vielen (aktuellen!) Informationen sicherzustellen. Dazu gehören:

– Liegenschafts- und Baupläne

– Leitungs- und Verkabelungspläne (Versorgungen, Daten- und Telefonnetz)

– Pläne des Intranets mit den vorhandenen Systemen, Pläne der Netzübergänge

– Manuale für technische Systeme, Angaben zu Einsatzbedingungen und Grenzwerten

– soweit anwendbar: Konfigurationsdaten für Systeme, Netze und Anwendungen

– Verfahrensbeschreibungen für die Geschäftsprozesse

– die zum Notfallmanagement gehörende Dokumentation (zumindest: Notfallinformationen, Notfallvorsorgekonzept, Notfallkonzept, Notfallhandbücher, Wiederanlaufpläne)

Auch hier gilt der zentrale Grundsatz, diese Informationen nicht auf Systemen zu speichern oder an Orten abzulegen, die selbst vom Notfall betroffen sein könnten. Es ist daher eine dringende Empfehlung, diese Informationen auf unabhängigen Geräten (z. B. auf mehrere (!) Laptops, Notebooks) zu speichern oder an gesicherten und im Notfall zugänglichen Orten abzulegen.

Eine gute Vorgehensweise ist es, die Informationen grundsätzlich vollständig elektronisch vorzuhalten, zentral zu speichern und dann in kurzen Abständen (z. B. täglich) auf allen Notebooks der Notfallteams und des Krisenstabs zu replizieren. Dies erlaubt es auch, die Informationen in einfacher Weise zentral – in Verbindung mit einem geordneten Change Management – zu pflegen.

Hilfsmittel

Es kann vorteilhaft sein, diese Informationsbasis in ein einheitliches *Notfall-Tool* zu integrieren. Dabei kann eine Abbildung aller Informationen in einem einfachen Wiki-Tool schon zielführend sein. Es sind aber unter dem Stichwort *Notfall-Tool* auch entsprechende kommerzielle Tools verfügbar.

Werkzeuge sind für viele Reparatur- und Wiederherstellungsarbeiten erforderlich. Darunter fallen neben physischen Werkzeugen auch Software-Werkzeuge, deren Nutzung durch die Notfallteams zu Analyse- und Reparaturzwecken geboten sein kann. Hinsichtlich der Aufbewahrung und ggf. Aktualisierung gelten die gleichen Grundsätze wie oben für Informationen.

Es kann sein, dass besondere Mittel für den Notfall wie z. B. Zutritts- und Zugriffsrechte, kryptografische / physische Schlüssel, Chipkarten, Passwörter / PINs, Backup-Medien, Telefonlisten, Kontaktdaten externer Unterstützer bereit gestellt werden müssen, die dann in normalen Zeiten „krisensicher" aufzubewahren sind.

Infrastruktur

Der Treffpunkt für den Krisenstab – das Krisenzentrum – muss über eine dem Zweck entsprechende Ausstattung verfügen. Dazu zählt die übliche Büroausstattung, IT-Systeme, eine auch im Krisenfall funktionstüchtige Kommunikationstechnik, ggf. eine separate Versorgungstechnik für die technischen Einrichtungen des Krisenzentrums (zumindest hinsichtlich der Stromversorgung).

Schon erwähnt wurde die krisensichere Aufbewahrung von Mitteln, die bei der Notfallbewältigung benötigt werden. Solche Mittel (Authentisierungsmittel, Backup-Medien, Listen, Schlüssel) können in Tresoren oder gesicherten Verwahrgelassen aufbewahrt werden; soweit solche Mittel dem Krisenstab bei seiner Arbeit zur Verfügung stehen müssen, ist das Krisenzentrum der geeignete Aufbewahrungsort.

Wegen der besonderen Bedeutung des Krisenzentrums, seiner kritischen Infrastruktur und der dort aufbewahrten Informationen sollte der Zugang zum Krisenzentrum strikt kontrolliert, d. h. eine (autarke) Zutrittskontrolle eingerichtet werden.

In besonderen Kontexten kann es auch darum gehen, spezielle Anforderungen an die bautechnische Qualität des Krisenzentrums (Stärke der Mauern und Decken, Sicherung der Fenster bzw. fensterlose Konstruktion etc.) zu stellen.

8.6 Notfallübungen

Notfallübungen und -training dienen dazu, die für den Notfall vorgesehenen Maßnahmen und Verfahren zu üben.

Grundsätzliches dazu – z. B. die Tatsache, dass solche Übungen regelmäßig vorgesehen sind und Betroffene hieran teilnehmen sollen – wird man bereits in die Notfall-Leitlinie als Verpflichtung aufnehmen (vgl. Abschnitt 6.2).

Übungs- und Trainingsmaßnahmen sind aus Sicht der Mitarbeiter unter der Überschrift „Aus- und Fortbildung" einzuordnen, stellen aber für das Management ein wichtiges Organisationsmittel dar, um die Geschäftsziele erreichen zu können.

Aus diesen Ausführungen wird klar, dass Notfallübungen eine *Kernaufgabe* beim Notfallmanagement darstellen, und zwar in der Planung, Durchführung und Auswertung.

Es gibt zwei wesentliche Ziele solcher Übungen:

Ziel 1   Zunächst soll überprüft werden, ob

- die konzeptionell vorgedachten Verfahren in der Praxis überhaupt funktionieren,

- innerhalb der vorgesehenen Zeiten abgewickelt werden können,

- das beabsichtigte Resultat liefern,

- die vorhandene Dokumentation der Verfahren verständlich und anwendbar ist.

Wiederanlauf   Die Zeiten bei Wiederanlauf-Szenarien lassen sich zwar grob schätzen – es geht jedoch nichts über empirisch, durch Übungen ermittelte Zahlen. Zeigt sich dabei, dass die Schätzungen allzu optimistisch waren, kann dies neuen Input für eine weitergehende Prävention liefern (wie wir schon mehrfach ausgeführt haben). Notfallübungen sind somit nicht nur unter dem Aspekt der Notfall*bewältigung* sinnvoll einzusetzen.

Dokumentation   Gerade die Dokumentation in Form des Notfallhandbuchs und Notfall- und Wiederanlaufplänen gibt oft Anlass zu Kritik: Bei zwanglosem Lesen scheint alles klar zu sein, bei der praktischen Anwendung tauchen dann Fragen auf bzw. sind Abläufe nicht korrekt oder nicht ausführlich genug beschrieben. Ein wichtiges Feedback aus Notfallübungen betrifft daher immer die Qualität der angegebenen Dokumente.

Ziel 2

Das zweite wichtige Ziel bei Notfallübungen ist es, den bei der Notfallbewältigung tätigen Personen für ihre kritischen Aufgaben durch wiederholtes Üben *qualifizierte Routine* zu vermitteln. Meist wird dies als Notfalltraining bezeichnet.

Qualifiziert meint in diesem Zusammenhang, dass eine Person für die Bedeutung und Kritikalität ihrer Tätigkeiten sensibilisiert ist, diese inhaltlich und vom Ablauf her beherrscht und unter den angenommenen Bedingungen (und meist vorhandenem Stress) erfolgreich ausführen kann.

Vermieden werden muss natürlich, dass Routine in Fahrlässigkeit mündet. Hier wird klar, dass ein guter Kompromiss zwischen der notwendigen Häufigkeit und der *lästigen Pflicht* solcher Übungen gefunden werden muss.

Ebene und Zielgruppe

Übungen müssen nach Ebenen und Zielgruppen differenziert werden. Hier sind drei Ebenen zu nennen:

–   In *operativen* Übungen wird das konkrete Arbeiten und Vorgehen der Umsetzungsebene geübt. Für solche Übungen eignen sich Verfahren, die klar organisiert und gegebenenfalls technisch unterstützt sind. Teilnehmer sind Mitarbeiter aus dem operativen Betrieb oder von Notfallteams der übenden Organisationen.

–   Bei *taktischen* Übungen steht das Koordinieren, Zusammenarbeiten und Entscheiden im Vordergrund, gerade auch zwischen unterschiedlichen Organisationen. Zielgruppe sind die für den Krisenfall vorgesehenen Koordinationsstrukturen (z. B. der Krisenstab).

–   Die *strategischen* Übungen richten sich an die Führungsebene. Hier geht es um die generelle Art des Zusammenwirkens der beteiligten Organisationen und damit verbundene komplexe Entscheidungen.

Unter *taktische Übungen* fallen u. a. die folgenden Tätigkeiten der Zielgruppe *Krisenstab*:

–   Versammeln im Krisenzentrum

–   Inbetriebnahme des Krisenzentrums

–   Notfallkommunikation (Funktion und Aktualität der Daten)

–   Erfassen und Beurteilen der Lage

–   Beauftragung und Koordinierung von Notfallteams

–   De-Eskalierung des Notfalls

– Aufzeichnungen

In ähnlicher Weise sind die Tätigkeiten der Notfallteams Kandidaten für *operative* Notfallübungen, da hier die konkrete Behebung eines Notfalls im Vordergrund steht:

– Funktion der Bereitschaft (Erreichbarkeit)

– Einholen von Entscheidung des Krisenstabs

– Verfügbarkeit der technischen Hilfsmittel und aktueller Informationen

– Abarbeiten von Notfall- und Wiederanlaufplänen inklusive Aufzeichnungen

Beim Abgleich mit den vorhandenen Notfallplänen ergeben sich häufig sehr viele potenzielle operative Übungen: Jedes im Notfallkonzept und den Notfallhandbüchern (mit Anlagen) behandelte Szenario ist ein möglicher Kandidat. Insofern betrifft das Problem der Notfallübungen alle Bereiche von der IT über die Infrastruktur, die Kommunikation, die Verfügbarkeit personeller Ressourcen und unterstützender Dienstleister.

Denkt man an Brandfälle und ähnliche Gefährdungen der Organisation und der Mitarbeiter, kommt man schnell zu dem Schluss, dass im Grunde jeder Mitarbeiter einer Organisation von Zeit zu Zeit an entsprechenden (operativen) Notfallübungen teilnehmen muss.

Art der Übung Je nach dem Zweck einer Notfallübung können Inhalt und Form sehr unterschiedlich sein. In einem ersten Ansatz kann danach unterschieden werden, *was* in der Übung geschieht:

– *Diskussionsorientierte* Übungen behandeln auf theoretischer Ebene mögliche Verfahren, Planungen oder Konzepte für den Notfall. Dabei werden Abläufe und Lösungsmöglichkeiten vorgestellt und diskutiert. Sie dienen vornehmlich der Neuentwicklung von geeigneten Reaktionen bei einem Notfall – weniger der Überprüfung der Wirksamkeit bereits vorhandener Notfallplanungen.

– *Handlungsorientierte* Übungen dienen dem realitätsnahen Ausprobieren, Einüben und Überprüfen von Verfahren, Plänen, Konzepten, Absprachen etc. Sie können einerseits den Beteiligten wertvolle Erfahrungen vermitteln und andererseits Planungsfehler, Lücken, Ressourcenmängel, fehlende Verantwortlichkeiten etc. aufdecken. So kann die Leistungsfähigkeit der Teilnehmer erhöht und gleichzeitig die Aktualität des Geübten sichergestellt werden.

Zu letzteren zählen neben der „Real-Übung" auch Simulationen. Wenn es mehr um die Prüfung technischer Systeme geht, kommen noch klassische Tests hinzu.

Mischansätze Von Fall zu Fall kann es sinnvoll sein, unterschiedliche Ansätze in Bezug auf die Art der Übung, die Übungsziele, die Tiefe / den Aufwand sowie die Teilnehmer an der Notfallübung zu *mischen*. Beispielsweise können folgende Übungsarten zum Einsatz kommen:

−   Planbesprechung bzw. Planübung

Diese ist als diskussionsorientierte Übung sowohl für die taktische als auch für die strategische Ebene tauglich und kann zur Übung beliebiger Inhalte verwendet werden. Es handelt sich um eine Besprechung des Ablaufs einer Notfall-/Krisenreaktion auf festgelegte Szenarien mit Fachexperten und Führungskräften als gemeinsame konstruktive Diskussion − mit Moderation und Leitfaden, gegebenenfalls auch mit Fachvortrag zum geübten Thema.

−   Kommunikationsübung

Sie ist eine Übung auf allen Ebenen und dient zur Überprüfung von Erreichbarkeiten und Abläufen bei der Alarmierung, sowie zur Überprüfung der Funktionsfähigkeit der Kommunikationsmittel und -verfahren, die im Notfall bzw. Krisenfall zum Einsatz kommen sollen.

−   Koordinationsübung

Sie findet auf der operativen und der taktischen Ebene statt. Dabei üben die Leitungs- und Stabsstrukturen der beteiligten Organisationen die Reaktion auf ein festgelegtes Szenario, ohne dass eine tatsächliche Umsetzung der Ereignisse und Maßnahmen erfolgt. Zugleich werden auch die infrastrukturellen und technischen Voraussetzungen überprüft.

−   Erweiterte Koordinationsübung bis zur Real- und Voll-Übung

Die erweiterte Koordinationsübung bezieht zusätzliche Ebenen mit ein. Reaktionen bei einem Notfall mit einem festgelegten Szenario werden wirklichkeitsnah mit allen Beteiligten durchgespielt. Je nach Skalierung werden z. B. bei einer Real-Übung Ereignisse tatsächlich nachgestellt und beschlossene Maßnahmen tatsächlich durchgeführt. Bei einer Vollübung können beispielsweise auch externe Beteiligte (Kunden, Dienstleister) in die Notfallbewältigung einbezogen werden.

Eine typische Real-Übung, deren Durchführung man oft scheut, ist die Umschaltung zwischen Redundanzen (Rechner, Netzwerke, Daten-Backups etc.), vielleicht sogar die Umschaltung eines Rechenzentrums auf ein Ausweich-RZ. Der Aufwand hierfür, die technische Komplexität, die sich schnell einstellenden Beschwerden von Kunden usw. führen dazu, dass solche Übungen immer wieder verschoben werden oder total entfallen. Andererseits zeigt die Erfahrung, dass solche Übungen dringend notwendig sind und immer wieder zu interessanten Erkenntnissen führen – nicht selten zu der Erkenntnis, dass es nicht so funktioniert wie geplant.

Simulation

Würde eine sehr realitätsnahe Übung – vielleicht sogar in produktiver Umgebung – einen nicht tolerierbaren Aufwand verursachen, kann man stattdessen versuchen, eine Simulation aufzusetzen: Statt am realen Objekt könnten die zu übenden Schritte z. B. an ähnlichen Test- oder Integrationssystemen erprobt werden. Statt Verfahren vollständig zu üben, können Teile geübt werden, wobei ausgelassene Schritte als erfolgreich oder nicht erfolgreich angenommen werden.

Es sollte aber grundsätzlich klar sein, dass der Aussagewert von Notfallübungen abnimmt, je weiter man sich von der zu übenden Realität entfernt.

Aufzeichnungen

Aufzeichnungspflichten sind bei fest allen Aktivitäten der Notfallbewältigung gegeben. Insofern müssen diese Aufzeichnungen auch integraler Bestandteil von Notfallübungen sein, d. h. die Devise „...ist ja nur eine Übung, deshalb verzichten wir auf Aufzeichnungen" ist strikt abzulehnen.

Man sollte im Rahmen der Übungen oder im unmittelbaren Nachgang sogar ergänzende Aufzeichnungen vorsehen: etwa subjektive Einschätzungen der übenden Personen über die betroffenen Tätigkeiten, deren Dokumentation – aber auch über die Notfallübung als solche.

Management

Bei der Komplexität des Themas *Notfallübungen* hat es sich bewährt, einen organisierten Prozess aufzusetzen und methodisch vorzugehen.

Dazu benötigt man Verantwortliche (in der Regel das Notfallmanagement) und eventuell Koordinatoren in den einzelnen Fachbereichen – insbesondere dann, wenn hier *bereichsspezifische* Notfallhandbücher existieren.

Auf Basis der Informationen aus Notfallkonzept und Notfallhandbüchern beginnt man mit einer Analyse, welche Szenarien

- mit welcher Häufigkeit,

- auf welcher Ebene und mit welcher Zielgruppe und

- in welcher Art bzw. Form

geübt bzw. trainiert werden sollen.

Natürlich wird man sich bei der Planung dieser Aspekte zunächst daran orientieren, welche Kritikalität die betroffenen Geschäftsprozesse haben. Hohe Kritikalitäten erfordern häufigere und möglichst reale Übungen.

In die Planung wird auch eingehen, welche Aufwände bei der Durchführung einer Übung anfallen. Kosten- und zeitintensive Übungen stellen in der betrieblichen Praxis immer ein Problem dar.

Nach einer Entscheidung über diese Einflussfaktoren sollte für jede Übung ein Übungsplan erstellt werden, in dem

- die Ziele der jeweiligen Übung aufgeführt sind,

- die Ausgangssituation und ggf. weitere Annahmen enthalten sind,

- die maßgeblichen Rollen bei der Übung und

- der Ablauf der Übung, sowie

- die Dokumentationspflichten beschrieben sind.

Der aus technischen Kontexten bekannte *Testplan* mag hier als Anschauungsbeispiel dienen.

Ein wichtiger Punkt: Es ist peinlich genau darauf zu achten, dass in Notfallübungen nicht solche Ressourcen genutzt werden, die aufgrund des (fiktiven) Notfalls – oder aufgrund anderweitiger Abschaltungen oder Beschränkungen – als ausgefallen zu betrachten sind.

Für die Durchführung der Übungen ist auf eine entsprechende Terminplanung und eine genaue Instruktion der Beteiligten zu achten.

Ein wichtiger Aspekt betrifft die Auswahl der Personen, die an Übungen teilnehmen. Hier ist festzustellen, dass oft die primären Rolleninhaber teilnehmen – aber vorhandene Vertreter eher selten herangezogen werden. Dies spricht dafür, Übungen ggf. auch nur mit den Vertretern durchzuführen. Wer auch immer teilnimmt sollte für die Dauer der Übung möglichst von anderen Aufgaben freigestellt sein.

Bei vielen Notfallübungen wird der jeweilige Termin den Beteiligten vorher bekannt gegeben – was den Vorteil hat, dass der Übungsaufwand in auslastungsschwache Zeiten (sofern es solche gibt) verlagert werden kann. Wo dies keine Rolle spielt, kann man auch ad hoc-Übungen starten.

Einige Übungen (z. B. die Alarmierung und die Räumung von Gebäuden bei Brand) wird man ggf. ohne Ankündigung durchführen.

Auswertung   Der Zyklus schließt ab mit einer Auswertung durch den Verantwortlichen, bei der der Grad der Zielerreichung ermittelt wird.

Über die Ergebnisse von Notfallübungen und deren Auswertung sind einerseits die an der Übung teilnehmenden Personen, andererseits auch die zuständigen Organisationseinheiten und die Leitungsebene zu informieren (letztere zumindest in Form einer Zusammenfassung).

Im Nachgang muss eine Beseitigung eventuell festgestellter Mängel erfolgen.

Folgende Aspekte sind zu beachten:

–   Sind die Testpläne vollständig abgearbeitet worden? Gegebenenfalls sind partielle Nachtests bei erkannten Lücken zu veranlassen.

–   Liegt eine Zusammenfassung erkannter Fehler und Defizite vor? Es ist eine Klärung der Zuständigkeiten, sowie eine Priorisierung und Terminierung für die sich hieraus ergebenden Aufgaben herbeizuführen. Hierbei ist auch die Koordination der Testdurchführung kritisch zu betrachten.

–   Wird die Beseitigung erkannter technischer und organisatorischer Mängel überwacht?

–   Liegt eine Planung für den nächsten Volltest (vollständiger Ausfall wichtiger Infrastrukturen) vor?

–   Sind die Testpläne angepasst und korrigiert worden?

–   Wurde ein Abgleich mit der aktuellen Risikoanalyse und dem Schwachstellen-Katalog vorgenommen?

9 Ausbau der Dokumentation

Die verschiedenen Leitlinien, den BIA-Bericht, das Notfallvorsorgekonzept und das Sicherheitskonzept haben wir schon in Kap. 6 erörtert. Ausgehend von der BIA haben wir damit die Analyse der Geschäftsprozesse im Hinblick auf ihre Kritikalität und Wiederanlauf-Anforderungen, die Ableitung von Kontinuitätsstrategien sowie die Zuordnung von präventiven Maßnahmen dokumentiert und erledigt.

Wir bauen nun unsere Dokumentation aus und behandeln alle Themen rund um die *Notfallbewältigung*. Dazu gehören das Notfallkonzept[39], die Notfallinformationen und die Notfall- bzw. Wiederanlaufpläne.

Zunächst eine Begriffsklärung:

Notfall-,
Wiederanlaufplan

Für jede Art von Notfall, dessen Bewältigung im Voraus planbar ist, benötigen wir einen *Notfallplan*. Dabei *kann* es um Szenarien gehen, in denen ein Wiederanlauf eines Systems oder einer Anwendung durchgeführt werden muss. Statt von Notfallplan sprechen wir dann von *Wiederanlaufplan* (WAP).

Bei anderen Notfällen – wie z. B. Personalausfall aufgrund von Pandemien – ist nicht der Wiederanlauf einer technischen Ressource, sondern die Bereitstellung von qualifiziertem Ersatz wesentlich. In diesen Fällen passt der Begriff *Wiederanlaufplan* nicht, man verwendet dann meist *Notfallplan*.

9.1 Notfall(bewältigungs)konzept

Das Notfallkonzept enthält alle organisatorischen, personellen, infrastrukturellen und technischen Vorgaben zum Prozess der *Notfallbewältigung*. Es richtet sich somit an *alle* bei der Notfallbewältigung beteiligten Rollen, adressiert ggf. das Sicherheitspersonal insgesamt.

Ein Notfallkonzept in diesem Sinne sollte einheitlich und identisch für die gesamte Organisation sein. Unterschiede in den

---

[39] Genauer: das Notfall<u>bewältigungs</u>konzept; im Gegensatz zum Notfall<u>vorsorge</u>konzept.

Geschäftsprozessen und der Art der Notfälle werden später bereichsspezifisch in Notfallhandbüchern behandelt.

Welche Inhalte sollen im Notfallkonzept dargestellt werden? Das Ziel des Notfallkonzeptes ist es, gemeinsame Vorgaben für die Behandlung *aller* Arten von Notfällen in *allen* Bereichen der Organisation festzulegen. Insofern sind genau solche Inhalte Gegenstand des Notfallkonzeptes einer Organisation. Eine „sparsame" inhaltliche Gliederung könnte deshalb so aussehen:

1. Vorwort der Leitung, Zielgruppe bzw. Verteilung des Notfallkonzeptes, Inkraftsetzen des Notfallkonzeptes

2. PDCA-Maßnahmen
   Kontrolle und kontinuierliche Verbesserung der Notfallbewältigung, Pflege und Überarbeitung des Notfallkonzeptes

3. Verweise auf die geltende Fassung der Notfall-Leitlinie, des Notfallvorsorgekonzepts und des BIA-Berichts

4. Organisation der Notfallbewältigung (vgl. Kap. 3)

   – Zuständigkeiten und Rollen: zentrale oder verteilte Zuständigkeiten bei der Notfallbewältigung

   – operative Rollen bei der Notfallbewältigung (ggf. auch externe Dienstleister)

   – Abgrenzung zu anderen Rollen

5. Personelle Ressourcen der Notfallbewältigung

   – Zuständigkeiten bei der Besetzung der Rollen einschließlich Vertretungen

   – Grundsätzliches zu Bereitschaftsplänen und -diensten

   – Anforderungen an die Qualifikation von Rolleninhabern

   – Kommunikationserfordernisse bei personellen Änderungen

6. Technische Ressourcen (vgl. Abschnitt 8.5)

   – Technische Ausstattung des Krisenstabs

   – grundsätzliche Anforderungen an die Ausstattung der Notfallteams

   – notwendige Hilfsmittel und Informationen

   – Aufrechterhalten der Aktualität der Informationen

7. Notfallübungen / -training (vgl. Abschnitt 8.6)

   – Wer nimmt die Planung des gesamten Notfalltrainings vor?

- Welche Verfahren sind in welcher Form regelmäßig zu üben?

- Wie ist der Erfolg zu messen?

- Wohin sind die Ergebnisse von Übungen zu melden?

8. Festlegung, welche Geschäftsprozesse betrachtet werden und was als Notfall angesehen wird (ggf. Verweis auf Notfall-Leitlinie und BIA-Bericht)

9. Prinzipieller (!) Ablauf der Notfallbewältigung (vgl. Kap. 8)

- Identifizieren und Melden eines Notfalls: Bezugnahme auf die Dokumentation des Incident Managements (sofern vorhanden, sonst hier einbauen:)

- Klassifizieren, Eskalieren, Ausrufen eines Notfalls: Erläuterung des Klassifikationsschemas, Ablauf der Eskalation (u. a. kleiner / großer Krisenstab), Lagefeststellung und -beurteilung

- Notfallkommunikation: Lagefeststellung, Beauftragung der Notfallteams, Informationspflichten intern bzw. gegenüber Dritten

- Grundsätzliches Vorgehen bei der Behebung des Notfalls, ggf. unter temporärer Nutzung von Überbrückungen

- De-Eskalierung eines Notfalls

- Aufzeichnung (und spätere) Auswertung von Notfällen

10. verbleibende Restrisiken

- Problematik der Verkettung von Vorfällen

- Notfallszenarien, deren zeitgerechte Bewältigung wegen fehlender Ressourcen – z. B. wegen nicht ausreichender Personalressourcen – scheitern könnte

- unbekannte Notfallszenarien

Sie haben sicher schon festgestellt, dass zwar der *prinzipielle* Ablauf der Notfallbewältigung auftaucht – nicht aber die *konkrete Behebung* eines Notfalls. Das ist auch so beabsichtigt! Diese Ausführungen verlegen wir in die Notfallhandbücher und deren Anlagen.

Hinweis: Beim IT-Grundschutz findet man Anforderungen an ein *Notfallkonzept* in der Maßnahme M6.114 sowie im Zusammenhang in BSI100-4. Man beachte dabei, dass die Autoren des IT-Grundschutzes den Begriff *Vorsorge* anders definieren, so dass

Teile unseres Notfallvorsorgekonzepts erst im Notfallkonzept nach BSI100-4 erscheinen.

9.2 Notfallinformationen

Unter *Notfallinformationen* einer Organisation verstehen wir ein kurzes (!) Dokument

- mit wichtigen Hinweisen rund um das Thema Notfälle (Erkennen, Melden, Verhalten),

- das für alle Mitarbeiter/innen zur Verfügung stehen muss.

Solche Informationen stellt man am besten dann zusammen, wenn Notfallvorsorge- und Notfallbehandlungskonzept bereits vorliegen, weil eine Gesamtschau aller relevanten Informationen erst zu diesem Zeitpunkt möglich ist.

In größeren Organisationen mit mehreren Standorten kann es sinnvoll sein, *standortspezifische* Notfallinformationen bereit zu stellen. Erst recht tritt dieser Fall ein, wenn die Organisation in mehreren Ländern (mit unterschiedlichen Sprachen) vertreten ist.

Auch in Zeiten des Intranets wird dringend empfohlen, solche Notfallinformationen in gedruckter Form an jedem Arbeitsplatz zur Verfügung zu stellen oder zumindest in unmittelbarer Nähe durch Aushang bekannt zu geben. Grund: Bei einem konkreten Notfall kann es vorkommen, dass das Intranet nicht mehr verfügbar ist.

In diesem Dokument sind Informationen der folgenden Art bereit zu stellen:

- Notfall-Rufnummern (zentral bzw. differenziert nach spezifischen Arten von Notfällen)

- Rufnummer des Notfall- und des Sicherheitsmanagements

- Verhaltensregeln: Wie verhält man sich als Mitarbeiter/in, wenn man potenzielle kritische Vorfälle erkennt oder wenn diese bereits eingetreten sind?

- Informationen über Alarmsignale, Flucht- und Evakuierungswege, Räumungspläne etc.

Verhaltensregeln für das IT-Personal sind auch beim IT-Grundschutz in der Maßnahmengruppe M6 Gegenstand vieler Einzelmaßnahmen, z. B. M6.23, 6.31, 6.48, 6.54 und 6.102.

Um die Menge an Informationen zu begrenzen bzw. die Inhalte nach Zielgruppen differenzieren zu können, kann es sinnvoll sein, in den Notfallinformationen nur *Hinweise* zu geben, wo die folgenden Fragen vertiefend behandelt werden:

- Welche Vorfälle werden von der Organisation als Notfall betrachtet?

- Wie ist das Notfallmanagement organisiert?

- Gibt es Notfallübungen oder -training?

- Welche vertiefenden Unterlagen existieren und wo sind diese zugänglich?

Zu den *vertiefenden Unterlagen* zählen z. B. die Notfall-Leitlinie, das Notfallvorsorgekonzept, das Notfall(bewältigungs)konzept, Notfallhandbücher sowie Notfall- und Wiederanlaufpläne.

Diese ergänzenden Informationen dienen insgesamt der weiteren Unterrichtung, sind aber nicht für die Anwendung in einer konkreten Notfallsituation gedacht.

Management-Aspekte — Selbstverständlich haben auch die Notfallinformationen wichtige Management-Aspekte:

- Sie sind regelmäßig zu überarbeiten und aktuell zu halten.

- Vor der Verteilung neuer Fassungen sollten diese mit den betroffenen Abteilungen abgestimmt werden.

- Eine offizielle Genehmigung bzw. Freigabe durch die Leitung kann sinnvoll sein.

- Der Inhalt sollte dahingehend geprüft werde, ob er Dritten (Externen) zur Kenntnis gelangen darf – oder ggf. eine Einstufung (z. B. *Firmen-vertraulich*) erfolgen muss.

- Es ist sicherzustellen, dass alle betroffenen Mitarbeiter/innen diese Notfallinformationen bekommen (gedruckte Fassung bereitstellen, im Intranet nur ergänzend).

- Bei der Verteilung ist darauf hinzuweisen, dass veraltete Fassungen vernichtet werden.

Die Einhaltung dieser Regeln sollte kontrolliert werden; sie kann auch Gegenstand von internen oder externen Audits sein.

9.3 Notfallhandbuch

Im Grunde handelt es sich beim Notfallhandbuch um eine Konkretisierung des Notfallkonzeptes. Während letzteres das Verfahren der Notfallbewältigung (Prozesse, Rolle, Ressourcen) eher allgemein und einheitlich für alle darstellt, enthält das Notfallhandbuch die konkrete Vorgehensweise (sozusagen „Schritt für Schritt") bei der Behebung einzelner beschriebener Notfälle.

Zielgruppe des Notfallhandbuchs sind somit die operativen Rollen bei der Notfallbewältigung, also etwa die Notfallteams.

Besonders in größeren Organisationen sind die Prozesslandschaft und die Gegebenheiten in Technik und Infrastruktur so komplex, dass ein *einzelnes* Notfallhandbuch unhandlich und wenig effektiv ist. Hinzu kommt, dass die Überarbeitungs- und Freigabehäufigkeit stark ansteigen würde, wenn viele Stellen Input lieferten.

Aus diesem Grund kann es sinnvoll sein, mehrere spezialisierte Notfallhandbücher zu erstellen, und zwar differenziert nach Organisationsbereichen, nach Standorten und ggf. Ländern – eventuell auch nach Klassen von Geschäftsprozessen, die man unter gewisse Merkmale gruppiert.

Ein einfaches, typisches Beispiel wäre etwa die Aufteilung nach IT-Notfällen und Notfällen in der Infrastruktur. Auch denkbar wäre der Fall, dass jeder Bereich einer Organisation über ein eigenes Notfallhandbuch verfügt. Mindestanforderung ist hierbei jedoch, dass in jedem Notfallhandbuch alle Grundsätze des übergeordneten Notfallkonzeptes (nachweisbar) eingehalten werden.

Die Verantwortung für die Notfallhandbücher wäre in dem genannten Beispiel verteilt, und zwar auf die Bereiche der Organisation.

Wie sollte ein solches Notfallhandbuch gegliedert sein? Wir schlagen Folgendes vor:

1. Vorwort des zuständigen Bereichs, Zielgruppe und Verteilung, Inkraftsetzen des Notfallhandbuchs

2. Feststellung, dass das Notfallhandbuch den Vorgaben des übergeordneten Notfallkonzeptes genügt.

3. PDCA-Maßnahmen
   Pflege und Überarbeitung des Notfallhandbuchs, Freigabe und Bekanntgabe

4. Organisation und Personal der Notfallbewältigung

– ggf. Besonderheiten bei Zuständigkeiten und Rollen (z. B. Rollenausschlüsse bzw. -konflikte)

– Besetzungsliste für die Rollen und Teams (bzw. Verweis auf eine entsprechende Liste)

- Verweis auf Nachweise zur Qualifikation der Rolleninhaber

- Bereitschaftspläne (oder Verweise darauf)

5. Technische Ressourcen (vgl. Abschnitt 8.5)

- Spezifikation der technischen (Mindest-)Ausstattung der Notfallteams – ggf. differenziert nach Einsatzbereichen – einschließlich Kommunikationsmittel (etwa Handy / Funkgerät, Laptop, andere Werkzeuge, Analyse-Software)

- zu nutzende Informationsbasis (z. B. Verfahrensbeschreibungen der Anwendungen, Rechner- und Netzpläne, Gebäude- und Verkabelungspläne, Manuale der technischen Komponenten)

- einzuhaltende Verfahren zur Sicherstellung der Aktualität aller Informationen (z. B. zentrale Pflege, regelmäßige Datenreplikation)

6. Nennung der unter das Notfallhandbuch fallenden Geschäftsprozesse

- ggf. sortiert / gruppiert nach bestimmten Merkmalen[40]

- Verweis auf entsprechende Verfahrensanweisungen für diese Prozesse

- Für jeden Geschäftsprozess (bzw. für jede Gruppe) eine nummerierte Auflistung potenzieller Notfälle bzw. Notfallszenarien, um deren Behebung es hier geht.

7. Für jeden gelisteten Notfall:

- Eindeutige Bezeichnung (Nummer der Liste)

- Kriterien, an denen erkennbar ist, dass dieser Notfall eingetreten ist.

- Beschreibung der Analyseschritte, mittels derer die genaue Ursache für den Notfall festgestellt wird.

- Ggf. durchzuführende Sofortmaßnahmen: Sind zur Schadenminderung Sofortmaßnahmen unmittelbar nach Erkennen des Notfalls zu ergreifen? Beschreibung dieser Maßnahmen.

---

[40] z. B. nach Infrastruktur, IT, Personal, Compliance; bei IT-Anwendungen ggf. auch nach Kunden, wenn kundenspezifische Prozesse betrieben werden.

- Bei der Notfallbewältigung einzuhaltende Zeitbedingungen (Wiederanlaufzeiten, Kritikalitäten).

- Kriterien für eine erfolgreiche Behebung des Notfalls

- Schritt-für-Schritt-Anleitung zur Behebung des Notfalls (ggf. Verweis auf einen *Notfallplan* als Anlage).

- „Messung", ob die Kriterien für eine erfolgreiche Behebung des Notfalls erfüllt sind, Kommunikation des Ergebnisses.

Über alle genannten Schritte sind von den handelnden Personen Informationen (Entscheidungen, Zwischenergebnisse, Reparaturschritte, Messungen) aufzuzeichnen.

Wenn die Komplexität der Organisation oder der Prozesslandschaft eher gering ist, kann man durchaus zum Schluss kommen, Notfallkonzept und Notfallhandbuch zusammenzulegen – wobei man dann meist bei der Überschrift *Notfallhandbuch* bleibt. Weiterhin kann man in solchen Fällen auf Anlagen wie Notfall- oder Wiederanlaufpläne verzichten, wenn die entsprechenden Detail-Informationen ebenfalls in das Notfallhandbuch aufgenommen werden.

Wir gehen im Folgenden jedoch davon aus, dass Sie die Schritt-für-Schritt-Anleitungen zur Behebung des Notfalls in separate (Notfall-, Wiederanlauf-)Pläne auslagern wollen.

9.4 Notfall- und Wiederanlaufpläne

Notfallpläne und Wiederanlaufpläne sind im Grunde Anlagen zu den entsprechenden Notfallhandbüchern – gelegentlich sind sie sogar dort integriert. Wir empfehlen jedoch, sie als Anlagen zu führen: Ein einzelner Notfallplan kann bei Bedarf schnell geändert und freigegeben werden; mit einer „Neuauflage" des gesamten Notfallhandbuchs wird man sich dagegen schwerer tun.

Ziel solcher Pläne ist es, bei Eintritt eines Notfalls sofort konkreten Handlungsanweisungen folgen zu können, die zur Wiederherstellung des Normalbetriebs führen. Dies setzt einerseits voraus, dass der eingetretene Notfall bereits „vorgedacht" worden ist und hierfür ein Plan entwickelt werden konnte, andererseits aber auch die Gewissheit, dass das Befolgen der Pläne mit hoher Sicherheit zum Normalbetrieb führt. Diese Sicherheit wird man aber erst erreichen, wenn sich die Pläne in Notfallübungen oder zumindest in realitätsnahen Simulationen als zielführend erwiesen haben.

Um eine gewisse Standardisierung zu erreichen, ist es vorteilhaft, alle Notfallpläne nach einheitlichem Muster zu erstellen und zu pflegen.

Wie könnte ein Notfallplan gegliedert sein? Wir schlagen die folgende Gliederung vor:

1. Dokumenten-Management

– eindeutige Nummerierung bzw. Bezeichnung des betrachteten Notfalls in Übereinstimmung mit dem Notfallhandbuch

– administrativer Ansprechpartner für den Plan (mit Kontaktdaten)

– Freigabe- und Gültigkeitsvermerke etc.

2. Zielgruppe
   Für wen ist der Notfallplan gedacht? Wer darf die beschriebenen Schritte ausführen?

3. Vorbereitungen
   Angabe, welche vorbereitenden Schritte für die Behebung des Notfalls zu durchlaufen sind, z. B.:

– Notfallkommunikation: ggf. beim Krisenstab einzuholende Entscheidungen bzw. notwendige Informationen von Dritten

– prüfen, ob ausreichende Ressourcen (Informationen, Werkzeuge, Personal) für alle weiteren Schritte vorhanden sind

– ggf. Vorab-Information von Betroffenen über die anstehenden Schritte der Notfallbewältigung

– besondere Bedingungen[41], die herzustellen sind, bevor die Behebung starten darf

4. Schritt-für-Schritt-Anleitung

– Herstellung einer *Überbrückung*[42] und deren Aktivierung (ggf. Verweis auf einen separaten Plan)

– *Behebung*[43] des Notfalls differenziert nach dessen Ursache und Methode der Behebung (Reparatur, Austausch / Ersatz, Neuinstallation, Wiedereinspielen vom Backup etc.)

---

[41] Vgl. dazu das Beispiel der Stromversorgung auf der Seite 174.

[42] sofern solche vorgesehen sind, ggf. aus einer Kontinuitätsstrategie stammend

5. Spezifikation der einzelnen Schritte zum *Wiederanlauf*[44] des betroffenen Geschäftsprozesses und davon abhängiger Ressourcen, die vom Notfall betroffen und ausgefallen sind – unter Beachtung einer evtl. vorgegebenen Reihenfolge

6. Prüfen der im Notfallhandbuch aufgeführten Kriterien, um die erfolgreiche Behebung des Notfalls feststellen zu können.

7. Deaktivierung einer ggf. noch laufenden Überbrückung.

Es kann sein, dass die Aktivitäten *Analyse der Ursache* (im Notfallhandbuch) und *Behebung der Ursache* (im Notfallplan) zeitlich erst später zur Ausführung kommen. Denken Sie beispielsweise an eine vorhandene Redundanz bei der Stromversorgung. Hier wird man bei Stromausfall sofort die Redundanz aktivieren[45] und anschließend – falls erforderlich – einen Wiederanlauf (z. B. von unterbrochenen Anwendungen) durchführen. Erst danach geht es um die Analyse und Behebung der Ausfallursache. Diese stehen dann auch nicht mehr unter hohem Zeitdruck.

Drehen wir den Sachverhalt um: Die Schritte *Analyse* und *Behebung* sind vor allem dann in der angegebenen Reihenfolge abzuarbeiten, wenn keine Redundanzen (oder zumindest keine ausreichend lange Überbrückungen) zur Verfügung stehen.

Denkt man z. B. an die Vielzahl technischer Systeme in einer Organisation, so wird klar, dass nicht für jedes einzelne System oder jede einzelne technische Komponente ein separater Notfallplan erstellt werden kann. Deshalb gilt die Regel, gleichartigen Ressourcen einen gemeinsamen Notfallplan zuzuordnen, d. h. eine Gruppierung der Objekte durchzuführen.

Checklisten

Bei komplexeren Ausfall- und Wiederherstellungsszenarien hat es sich bewährt, statt vieler Worte *Checklisten* zu verwenden, bei denen jeder Arbeitsschritt beschrieben ist und nach Erledigung abgehakt werden kann (ggf. mit Angabe von Uhrzeit / Datum und fallspezifischen Kommentaren).

---

[43] Die Schritte zur vorgesehenen Behebung hängen natürlich von der genauen Ursache des Notfalls ab.

[44] sofern es sich bei dem Notfall um einen *Ausfall* (Anwendungen, Versorgungen, etc.) handelt

[45] passiert ggf. automatisch

Dies erleichtert auch Statusmeldungen an den Krisenstab, da hierbei auf eine Nummer des in Bearbeitung befindlichen Schrittes Bezug genommen werden kann. Vor dem Hintergrund der Einhaltung meist enger Zeitbedingungen können die einzelnen Schritte darüber hinaus gezielt beim Notfalltraining Beachtung finden.

Verzweigungen

Durch Angaben wie *„bei Erfolg weiter mit Schritt x ...“* oder *„bei Misserfolg weiter mit Schritt y ...“* können Verzweigungen im Ablauf eingebaut werden. Jedoch sollte man dies nicht zu komplex gestalten, weil solche Strukturen in der Abarbeitung (unter Zeitdruck) durchaus fehleranfällig sind.

Betrachten wir einige spezielle Fälle der Notfallbewältigung:

Softwarefehler

Bei *Softwarefehlern* ist in der Regel die Notfallplanung für den Ausfall von Einrichtungen nicht anwendbar: In der Ausweichlokation wird mit hoher Wahrscheinlichkeit die gleiche Anwendung mit dem gleichen Softwarefehler betrieben.

In den Betriebskonzepten sollten deshalb generell Maßnahmen zur Behebung von Softwarefehlern vorgesehen sein – etwa Nutzung von früheren Versionen der Software, „Überspringen“ der Fehlerquelle, ad hoc-Programmänderungen (sofern möglich und zulässig).

Für die Fälle, in denen diese in den Betriebskonzepten verankerten Maßnahmen für die Fehlerbehebung in angemessener Zeit nicht ausreichen, sind *Ausweichverfahren* – auch manuelle – zu beschreiben. Ihre Integration in die Notfallpläne für den Ausfall von IT-Strukturen erscheint sinnvoll, weil die Ersatzlösungen häufig erst einer längeren Anlaufphase bedürfen, zu deren Überbrückung die hier definierten Mittel auch Verwendung finden können.

Personalausfälle

Personalausfälle, hervorgerufen durch Pandemie, Terrorismus, extreme Wetterereignisse, etc. sind nur bedingt bzw. nur bis zu einem bestimmten Umfang reaktiv zu bewältigen. Hier liegt der Schwerpunkt eindeutig auf präventiven Maßnahmen (Vorhalten von qualifiziertem Ersatzpersonal, Einschaltung von Dienstleistern und Fremdpersonal).

Andererseits muss bei der Planung personeller Ressourcen berücksichtigt werden, dass bei Notfällen temporär ein erweiterter Personalbedarf für die sogenannte *Notfallnachsorge* nach dem Wiederanlauf bestehen kann. Darunter fällt das Nachholen von Arbeiten, die ausfallbedingt verschoben werden mussten, sowie von Tätigkeiten, die mit der Dokumentation, Be- und Auswertung des Notfalls zusammenhängen.

Der *worst case* ergibt sich immer dann, wenn eine technische Störung mit Personalausfällen oder anderweitig erhöhtem Personalbedarf zeitlich und geographisch koinzident eintritt.

Es kann sinnvoll sein, für solche Koinzidenzen einen Notfallplan aufzustellen, bei dem zur Kompensation Personal aus anderen Liegenschaften oder von Dienstleistern eingesetzt wird (einschließlich der dazu nötigen vorbereitenden Schritte).

Versorgungen   Für den Betrieb der kritischen Geschäftsprozesse einer Organisation sind neben den unmittelbaren informationsverarbeitenden Systemen und eigenen Netzen solche Ressourcen erforderlich, die den Betrieb der Systeme und Netze erst ermöglichen. Dazu zählen die Versorgung mit Strom, Klimatisierung und Internet-Anbindung.

Das Charakteristikum dieser Versorgungen ist, dass sie in aller Regel *gleichzeitig* für alle (oder den überwiegenden Teil der) Geschäftsprozesse erforderlich sind. Ein Ausfall z. B. der externen Stromversorgung an einem Standort der Organisation zieht mit hoher Wahrscheinlichkeit große Teile der Prozesslandschaft an diesem Standort in Mitleidenschaft. Für den Ausfall von Klimasystemen in Rechenzentren oder den Ausfall wichtiger Internet-Verbindungen (z. B. zwischen den Standorten der Organisation oder zu Kunden) sind ähnliche Szenarien denkbar.

Die Kritikalität solcher Versorgungen wird deshalb meist sehr hoch eingestuft sein. Dabei ist das Wiederherstellen oder zumindest das Überbrücken (z. B. der Stromversorgung) die *eine* Aufgabe – die andere ist: Es kann erforderlich sein, anschließend für *alle* betroffenen Geschäftsprozesse mehr oder minder gleichzeitig einen Wiederanlauf durchführen zu müssen, was schnell zu personellen Engpässen und damit zu schadenträchtigen Verzögerungen führen kann.

Hier wird deutlich und klar, warum dem Ausfall von Versorgungen besonders durch *präventive* Maßnahmen entgegengewirkt werden muss (s. Kap. 5).

Ist trotz solcher Maßnahmen ein Ausfall einer Versorgung zu verzeichnen, muss nach einem vorher festgelegten Notfallplan vorgegangen werden, um das Problem qualifiziert und innerhalb kurzer Zeit bewältigen zu können.

Bei der Notfallbewältigung gerade im Zusammenhang mit dem Ausfall der Stromversorgung sind noch folgende Aspekte zu beachten und im Notfallhandbuch bzw. Im Notfallplan aufzunehmen:

–   Es kann wichtig sein, vor jeder Art von Reparaturversuch zunächst Last zu entfernen (z. B. das Ausschalten von Systemen bzw. das Trennen vom Versorgungsnetz zu veranlassen).

–   Beim Wiederzuschalten von Last ist es möglicherweise erforderlich, schrittweise vorzugehen bzw. eine bestimmte Reihenfolge zu beachten.

Technische
Systeme

Aufgrund der Vielfalt technischer Systeme würde es den Umfang des Buches überschreiten, Hinweise zu speziellen Systemen und deren Wiederanlaufszenarien zu geben.

Jedoch finden sich im Maßnahmenkatalog des IT-Grundschutzes in der Gruppe M6 einige Ausführungen zu *Notfallplänen* für konkrete technische Systeme, z. B. M6.10, 6.17, 6.57, 6.73, 6.76, 6.82, 6.85, 6.88, 6.100, 6.106, 6.109 und 6.136. Leider wird darin nicht strikt zwischen Prävention und Reaktion unterschieden, Konzeptionelles häufig mit reaktivem Vorgehen vermischt.

9.5   Aufzeichnungen und Auswertungen

In den vorausgehenden Abschnitten ist schon mehrfach auf das Problem qualifizierter Aufzeichnungen eingegangen worden. Das Ziel ist, eine nachvollziehbare Dokumentation über eingetretene Notfälle und deren Behandlung zu erhalten, um

–   die Einhaltung von Vorgaben nachweisen zu können (Compliance zu internen und externen Vorgaben),

–   sich von Verantwortung (z. B. Vorwurf der Fahrlässigkeit) und Regress entlasten zu können, und

–   aus dem Vorfall lernen zu können – mit dem Ziel der Verbesserung der Notfallbewältigung.

Folglich sind alle an der Notfallbewältigung beteiligten Rollen zur Führung von Aufzeichnungen zu verpflichten.

Dies betrifft zunächst den Krisenstab, der in einer konkreten Notfallsituation seine Erkenntnisse und Entscheidungen sowie die getroffenen Maßnahmen aufzeichnen muss. Analog gilt dies auch für die Notfallteams. Hierbei kann das Aufzeichnen der Aktivitäten bereits durch die Form der Notfallpläne als elektronische Checklisten erleichtert und gleichzeitig verbindlich gemacht werden.

Im Zusammenhang mit Geschäftsprozessen, an den Externe beteiligt sind – sei es als Kunden oder als Dienstleister, ist es sinnvoll, deren ggf. erforderliche Mitwirkung bei der Notfallbewältigung in den Verträgen festzuschreiben und hierbei auf Aufzeichnungspflichten vorzugeben.

In einer konkreten Notfallsituation werden solche Aufzeichnungen zunächst lokal bei den handelnden Personen erfolgen. Wichtig ist, dass die Aufzeichnungen später zusammengeführt und gemeinsam ausgewertet werden, um daraus Schlussfolgerungen für Verbesserungen ziehen zu können. Man erkennt auch an dieser Stelle wieder das PDCA-Modell.

Insbesondere dann, wenn Aufzeichnungen zur „Behandlung" juristischer Sachverhalte eingesetzt werden, ist es erforderlich, sich dem Thema der revisionssicheren Erfassung und Aufbewahrung von Aufzeichnungen zu widmen. Die grundsätzlichen Anforderungen hatten wir schon im Zusammenhang mit Sicherheitsvorfällen auf der Seite 137 (*Beweissicherung*) betrachtet. Hierzu gehört nicht zuletzt die Anforderung, Aufzeichnungen durch den jeweils Aufzeichnenden zu unterschreiben, evtl. sogar mit einer weiteren Unterschrift durch einen „Zeugen".

10   Kritische Erfolgsfaktoren

Um ein erfolgreiches und effizientes Notfallmanagement in einer Organisation aufzubauen, sind viele Faktoren zu berücksichtigen. Es kommen aber in der Praxis immer wieder einige Kernthemen vor, denen man besondere Aufmerksamkeit widmen sollte:

–   Mitwirkung der Leitung

–   Awareness und Training der Mitarbeiter

–   Schrittweises Vorgehen bei der Einführung

–   Nutzung von Tools

10.1   Mitwirkung der Leitung, Awareness und Training

Dass die Mitwirkung der Leitung der Organisation beim Notfallmanagement unverzichtbar ist, haben wir bereits bei der Besprechung der Rolle *Leitung* erkannt. Diese Mitwirkung zu motivieren ist nicht immer leicht: Hier hilft nur der Hinweis auf die möglichen existenzbedrohenden Schäden, die der Organisation drohen und nicht auf unteren Ebenen allein behandelt werden können.

Sensibilisierung und Schulung von Mitarbeitern sind im Sicherheitsumfeld wichtige Elemente eines zielorientierten, effektiven Sicherheitsmanagements. Manchmal ist eine Investition in Awareness-Programme für die Sicherheit förderlicher als in hochsichere Technik.

Im Zusammenhang mit der Notfallbewältigung sind Notfallübungen und Trainingseinheiten zu speziellen Szenarien eine wesentliche Voraussetzung, um angemessene, optimale Reaktionsprozesse zu erreichen.

Ein praxisorientiertes Notfalltraining hat folgende positive Effekte:

–   Die Fähigkeiten aller Beteiligten werden ausgebaut und ihre Handlungssicherheit im Ernstfall wird verbessert. Gut geübtes und eingespieltes Personal beherrscht auch Lagen besser, die zuvor nicht geübt wurden.

–   Zwischen den Beteiligten, die verschiedene Aufgaben und Rollen bei der Abarbeitung von Notfällen übernehmen, wird eine vertrauensvolle Kommunikation aufgebaut, und es werden wertvolle Kontakte ermöglicht und gefestigt.

–   Bei den Beteiligten wird zusätzliches Bewusstsein für die Notwendigkeit einer übergreifenden Zusammenarbeit, die gegenseitigen Abhängigkeiten und die Notwendigkeit von Übungen geschaffen.

–   Die gegenseitigen Erwartungen bei der Notfallbewältigung werden offengelegt. Zeigt sich in Übungen, dass Erwartungen nicht entsprochen wird, können daraus bisher nicht entdeckte Schwachstellen bei der Notfallplanung identifiziert werden.

–   Es wird herausgefunden, wo und zu welchem Zeitpunkt eine Zusammenarbeit bei Notfällen sinnvoll und notwendig ist.

–   Bereichs- beziehungsweise abteilungsübergreifende gegenseitige Abhängigkeiten von kritischen Infrastrukturen werden verdeutlicht. Zuvor nicht identifizierte Abhängigkeiten können ebenfalls auf bestehende Schwachstellen bei der Notfall- und Krisenbewältigung hinweisen.

10.2   Schrittweises Vorgehen

Die in diesem Buch vorgestellte Methodik erscheint möglicherweise auf den ersten Blick als sehr bürokratisch. Hier gilt zunächst die Empfehlung, dass man sich der „vollen" Lösung auch schrittweise nähern kann.

Schritt 1   Dazu schlagen wir vor, in einem ersten Schritt

–   mit einer zunächst *rudimentären BIA* (möglicherweise nur eine Liste als kritisch erachteter Geschäftsprozesse) zu beginnen,

–   sich dann um *präventive* Maßnahmen zur Reduktion (nur) der höchsten Risiken zu kümmern,

–   Ausfallszenarien, die eine höhere Eintrittswahrscheinlichkeit besitzen, in Simulationen durchzuspielen und daraus entsprechende *Notfallpläne* zu entwickeln,

–   die erstellten Notfallpläne in *Trainingsprogramme* aufzunehmen.

Auf dieser Basis sollten zunächst für eine beschränkte Zeit (z. B. 1 Jahr) Erfahrungen gesammelt werden. In der Regel wird dabei klar werden, ob weitere Elemente des abstrakten Notfallmanagements benötigt werden und welche das sind.

Schritt 2   In einer zweiten Stufe könnte dann

– die Management-Komponente ausgebaut werden, indem eine Notfall-Leitlinie, eine ausführliche BIA, ein Sicherheits- und ein Notfall(bewältigungs)konzept erstellt und umgesetzt werden, sowie

– die Liste der in den Notfallplänen und Notfallübungen betrachteten Notfallszenarien komplettiert werden.

Damit wäre der Aufbau des Notfallmanagements abgeschlossen – hier gilt ebenso, dass man vor weiteren Optionen einige Zeit Erfahrung sammeln sollte. Es wird dabei immer wieder Verbesserungspotenzial erkannt werden.

Paperware   Parallel zu den beiden Stufen sollte man – je früher desto besser – einen Überwachungs- und Pflegeprozess für die anwachsende Dokumentation und die anfallenden Aufzeichnungen aufzusetzen. Dabei kann ein ggf. vorhandener Prozess beim Qualitäts- oder Sicherheitsmanagement mitbenutzt werden. Ausgangspunkt sollte dabei eine Übersicht über alle entsprechenden Dokumente sein, in der die Überarbeitungsintervalle und -anlässe sowie die aktuell gültigen Versionsnummern erfasst sind. Bei jedem Dokument sollten die Qualitätsansprüche erfüllt sein, auf die wir schon im Kapitel 6 unter *Dokumentenlenkung* (ab Seite 109) eingegangen sind.

Das Dokumentationsmedium und das Textformat müssen so gewählt werden, dass die Verfügbarkeit der Informationen auch im Notfall garantiert ist, und zwar bei allen relevanten Personengruppen.

Die an der Notfallbewältigung beteiligten Rollen, insbesondere die Notfallteams, sind extrem darauf angewiesen, verlässliche und aktuelle Informationen über Anwendungen, Netzwerke, Rechner und deren Konfiguration und Verkabelung zur Verfügung zu haben. Solche Informationen in einem „Notfall-Tool" bereitzustellen, ist heute in komplexen Strukturen unabdingbar.

Besonders bei den Aufzeichnungen ist darauf zu achten, dass diese an einem zentralen Punkt zusammengeführt werden – erst dadurch ist eine Gesamtschau, eine Be- und Auswertung möglich.

Weitere Schritte Es ist immer gut, noch Ziele vor sich zu haben. Dazu könnte man in einer dritten Ausbaustufe ein Verfahren zur Messung der Effizienz des eigenen Notfallmanagements einführen. Zu diesem Thema gibt /ISO 27004/ eine Vielzahl von Hinweisen, speziell zu den *Key Performance Indicators*.

Ein weiteres Element dieser Schiene sind *Audits*: Diese sind – gleich ob interne oder externe – ein probates Mittel, um eine neutrale Bewertung des eigenen Management-Systems zu erhalten. Ein qualifiziertes Audit wird sich sowohl mit den vorhandenen Beschreibungen (Dokumenten) und Aufzeichnungen auseinandersetzen, aber auch Prozesse in der Realität inspizieren – beides mit dem Ziel, Verbesserungspotenzial festzustellen.

Es kann insofern nur dringend empfohlen werden, solche Audits zu nutzen, das Notfallmanagement einzubeziehen und die erzielten Ergebnisse in eine Planung zur kontinuierlichen Verbesserung aufzunehmen.

Audits nach ISO 27001 oder IT-Grundschutz betrachten auch das Notfallmanagement[46] – zumindest die präventive Seite. Es ist aber letztlich eine Entscheidung der Organisation, auch die Notfallbewältigung in den „Scope" einzubeziehen – etwa anhand durchgeführter und dokumentierter Notfallübungen oder sogar tatsächlicher Notfälle, wenn es solche (leider schon) gegeben hat.

Fazit Das skizzierte Vorgehen wird es mittelfristig ermöglichen (und dann auch leicht machen),

– Compliance mit allen möglichen Vorschriften herzustellen,

– gegenüber Externen den (zutreffenden) Eindruck einer exzellenten Notfallorganisation zu vermitteln und

– für die eigenen Belange eine hohe Sicherheit für die Geschäftsprozesse zu erzielen

10.3 Tools zur Unterstützung des Notfallmanagements

Tool-Unterstützung ist immer dann sinnvoll, wenn ein Tool auf die Bedürfnisse einer Organisation passt, die Prozesse der Organisation abbildet und auf der Basis transparenter Grundlagen und Erfahrungen die gewünschten Analyse- und Modellierungsschritte durchführen kann.

---

[46] teilweise unter den Begriffen Notfallvorsorge oder Business Continuity einsortiert

Es ist insofern dringend anzuraten, nicht sofort mit einem hohen Investment in Tools einzusteigen, sondern in Frage kommende Kandidaten eingehend zu erproben und den Nutzen zu bewerten.

BCM   Kommerziell erhältliche Software für Business Continuity Management (BCM) enthält naturgemäß auch Komponenten für das Notfallmanagement – zum Beispiel:

– Automatismen zur Unterstützung des Wiederanlaufs von Systemen und Anwendungen zur Vermeidung menschlicher Fehlleistungen in Stresssituationen

– Automatisiertes Scannen der IT-Infrastruktur, Inventarisierung und Erstellen von Strukturen für die Notfallplanung

– Priorisierung von Aktivitäten zur Behebung des Notfalls

– Mechanismen zur Pflege und Weiterentwicklung von Notfallplänen

– Automatisierung von Arbeitsabläufen gemäß ITIL Standards und existierenden Service Level Agreements

– Abarbeitung von Regeln zur Verhinderung von kostenpflichtigen Verletzungen der Service Level Agreements

Darüber hinaus gibt es (vgl. www.talkingbusinesscontinuity.com) zur Unterstützung der Notfallplanung und des Notfallmanagements eine Anzahl datenbankgestützter Checklisten oder Excel-Arbeitsblätter – zum Beispiel nach dem BS Standard 25999-2 oder anderen Standards des britischen BSi.

Awareness   Eine weitere Gattung von Software-Tools existiert im Bereich Weiterbildung und Training für das Notfallmanagement. Prinzipiell haben wir hier die Wahl zwischen

– Web-basiertem Online Training,

– Training Videos und

– Online-Referenzen.

▶ **Web-basiertes Online Training**

Beim *Web-basierten Online Training* wird auf den Schulungsinhalt im Internet oder Intranet zugegriffen. Der Schulungsinhalt ist dabei auf einem Web-Server abgelegt. Die Vernetzung ermöglicht zugleich den Kontakt mit den Mitlernenden und dem Dozenten oder Tutor.

Ein großer Vorteil bei dieser Art der Wissensvermittlung ist die einfache Integration von E-Mails, Newsgroups, Chats und Diskussionsforen sowie die zeitnahe Aktualisierung der Lerninhalte.

Weitere Vorteile sind die Unabhängigkeit von Plattformen durch Speicherung auf einem Server zum Abruf durch die User über einen Browser sowie die Dokumentierbarkeit und Kontrollierbarkeit der Zugriffe für statistische Zwecke zur Ermittlung von Kenndaten über die Lernfortschritte und Verbesserung der Inhalte beziehungsweise ihrer Darstellung.

► **Training Videos**

Training Videos sind besonders zur Vermittlung manueller Verfahrensweisen oder Handgriffe geeignet. Es werden Notfallszenarien dargestellt und Bedienungsanleitungen visualisiert. Ein Klassiker ist hier die Vorführung von Feuerlöschern bei der Brandbekämpfung.

► **Online-Referenzen**

Unter *Online-Referenzen* für Trainingszwecke im Notfallmanagement versteht man Nachschlagewerke, die sich im Intra- oder Internet für das Notfallmanagement und zum Thema Business Continuity Planning finden lassen (z. B. www.bsi.de, google books zum Thema Business Continuity).

Einige Fachbegriffe: englisch / deutsch

Accountability	Zuweisbarkeit
assets (information~)	(Informations-)Werte
Availability	Verfügbarkeit
awareness (programme)	Sensibilisierung(smaßnahmen)
barcode reader	Strichcode-Lesegerät
business continuity	Aufrechterhaltung / Fortführung des Geschäftsbetriebs
business continuity management	Sicherstellung des Geschäftsbetriebs
business impact analysis	Analyse der Auswirkungen auf die Geschäftstätigkeit, Kritikalitätsanalyse
Compliance	Einhaltung von Vorgaben
Confidentiality	Vertraulichkeit
Control	(ISO 27000:) Maßnahme
control objectives	(ISO 27000:) Maßnahmenziele
control of documents	Dokumentenlenkung
corrective action	Korrekturmaßnahme
crisis intervention team	Krisenstab
Disaster	Notfall
disaster recovery	Wiederherstellung (Systeme, Prozesse etc.) nach einem Notfall
incident management	Management von Störungen und anderen Ereignissen
incident, failure	Störung
information security event	Informationssicherheitsereignis

information security incident	Informationssicherheitsvorfall
information security policy	Informationssicherheitsleitlinie
information security risk	Informationssicherheitsrisiko
Integrity	Integrität
ISMS policy	ISMS-Leitlinie
management review	Managementbewertung
non-repudiation	Nicht-Abstreitbarkeit
preventive action	Vorbeugemaßnahme
process owner	Prozessverantwortlicher, -eigentümer
recovery (disaster~)	Wiederanlauf (nach Notfällen)
Reliability	Zuverlässigkeit
residual risk	Restrisiko
risk acceptance	Akzeptanz des (Rest-)Risikos
risk analysis	Risikoanalyse
risk assessment	Risikoeinschätzung, -begutachtung
risk estimation	Risikoabschätzung
risk evaluation	Risikobewertung
risk identification	Risiko-Identifizierung
risk treatment	Risikobehandlung
Rollback	Rücksetzung (auf einen definierten Stand)
Scope	Anwendungsbereich
security incident	Sicherheitsvorfall
service level agreement	Vereinbarung über Art und Umfang wiederkehrender Dienstleistungen
service provider	Dienstleister, Dienstleistungserbringer
statement of applicability	Erklärung zur Anwendbarkeit

supply chain management	Management von Lieferketten und -beziehungen
Threat	Bedrohung
Vulnerability	Schwachstelle

Verzeichnis der Abbildungen und Tabellen

Verwendete Abkürzungen

ASP	Application Service Provider
BCM	Business Continuity Management
BIA	Business Impact Analysis
BS	British Standard
BSI	(D:) Bundesamt für Sicherheit in der Informationstechnik
BSi	(GB:) British Standards Institution
CCTA	(GB:) Central Computer and Telecommunications Agency
CERT	Computer Emergency Response Team
CI	Configuration Items
CIT	Crisis Intervention Team
CMDB	Configuration Management Database
CPU	Central Processing Unit
DB	Datenbank
GAU	größter anzunehmender Unfall
GRVS	Gesetze, Richtlinien, Verträge, Standards
IP	Internet Protocol
IRT	Incident Response Team
ISDN	Integrated Services Digital Network
ISMS	Information Security Management System
ISO	International Organization for Standardization
IT(-)	Informationstechnik, informationstechnisches...
ITIL	IT Infrastructure Library
MTPD	Maximum Tolerable Period of Disruption

NEA	Netzersatzanlage
OGC	(GB:) Office of Government Commerce
PDA	Personal Digital Assistant
PDCA	Plan-Do-Check-Act
PIN	Personal Identification Number
RFID	Radio Frequency Identification
RZ	Rechenzentrum
SCM	Supply Chain Management
SLA	Service Level Agreement
TIP	Turn Into Production
UHD	User Help Desk
USV	unterbrechungsfreie Stromversorgung
WAP	Wiederanlaufplan(ung)
WAZ	Wiederanlaufzeit
WLAN	Wireless Local Area Network

Quellenhinweise

/BSI100-1/	BSI-Standard 100-1: Managementsysteme für Informationssicherheit (ISMS), www.bsi.de (Bereich IT-Grundschutz)
/BSI100-2/	BSI-Standard 100-2: IT-Grundschutz-Vorgehensweise, www.bsi.de (Bereich IT-Grundschutz)
/BSI100-3/	BSI-Standard 100-3: Risikoanalyse auf der Basis von IT-Grundschutz, www.bsi.de (Bereich IT-Grundschutz)
/BSI100-4/	BSI-Standard 100-4: Notfallmanagement, www.bsi.de (Bereich IT-Grundschutz)
/ISO18044/	ISO/IEC TR 18044:2004 Information technology - Security techniques - Information security incident management
/ISO27000/	ISO / IEC 27000:2009 Information technology - Security techniques - Information security management systems - Overview and vocabulary *deutsche Fassung DIN ISO/IEC 27000, 2010-05*
/ISO27001/	ISO / IEC 27001:2005 Information technology – Security techniques – Information security management systems – Requirements *deutsche Fassung DIN ISO/IEC 27001, 2008-09*
/ISO27002/	ISO/IEC 27002:2005 Information technology – Security techniques – Code of Practice for Information Security Management *deutsche Fassung DIN ISO/IEC 27002, 2008-09*

/ISO 27004/	ISO/IEC 27004:2009 Information technology – Security techniques – Information security management – Measurement
/ISO27005/	ISO/IEC 27005:2008 Information technology - Security techniques - Information security risk management
/ITGS/	IT-Grundschutz, www.bsi.de
/ITIL/	IT Infrastructure Library, v3.0, www.itil.org

Sachwortverzeichnis

Fett gedruckte Seitenzahlen verweisen auf grundlegende Definitionen zu den angegeben Stichwörtern.

T

U

V

Printed in the United States
By Bookmasters